**UN ESTUDIO BÍBLICO DE SEIS SEMANAS**

# Moldeada por las promesas de Dios

Lecciones de la vida de Sara

SHANNON POPKIN

La misión de *Editorial Portavoz* consiste en desarrollar y distribuir productos de calidad —con integridad y excelencia—, desde una perspectiva bíblica y confiable, que animen a las personas a conocer y servir a Jesucristo.

Publicado originalmente en inglés con el título: *Shaped by God's Promises: Lessons from Sarah on Fear and Faith,* Copyright © 2024 por Shannon Popkin. Publicado por Our Daily Bread Publishing, P.O. Box 3566, Grand Rapids MI 49501. Todos los derechos reservados.

Edición en español: *Moldeada por las promesas de Dios* © 2025 por Editorial Portavoz, filial de Kregel Inc., Grand Rapids, Michigan 49505. Traducido con permiso. Todos los derechos reservados.

Traducción: Rosa Pugliese

Ninguna parte de esta publicación podrá ser reproducida, almacenada en un sistema de recuperación de datos, o transmitida en cualquier forma o por cualquier medio, sea electrónico, mecánico, fotocopia, grabación o cualquier otro, sin el permiso escrito previo de los editores, con la excepción de citas breves o reseñas.

A menos que se indique lo contrario, todas las citas bíblicas han sido tomadas de la versión Reina-Valera © 1960 Sociedades Bíblicas en América Latina; © renovado 1988 Sociedades Bíblicas Unidas. Utilizado con permiso. Reina-Valera 1960™ es una marca registrada de American Bible Society, y puede ser usada solamente bajo licencia.

El texto bíblico indicado con "nvi" ha sido tomado de la Santa Biblia, NUEVA VERSIÓN INTERNACIONAL®, © 1999, 2015 por Biblica, Inc.® Reservados todos los derechos en todo el mundo.

El texto bíblico indicado con "nbla" ha sido tomado de la Nueva Biblia de las Américas, © 2005 por The Lockman Foundation. Todos los derechos reservados.

El texto bíblico indicado con "ntv" ha sido tomado de la *Santa Biblia,* Nueva Traducción Viviente, © Tyndale House Foundation, 2010. Usado con permiso de Tyndale House Publishers, Inc., 351 Executive Dr., Carol Stream, IL 60188, Estados Unidos de América. Todos los derechos reservados.

Las cursivas añadidas en los versículos bíblicos son énfasis de la autora.

EDITORIAL PORTAVOZ
2450 Oak Industrial Drive NE
Grand Rapids, MI 49505 USA
Visítenos en: www.portavoz.com

ISBN 978-0-8254-5137-9 (rústica)
ISBN 978-0-8254-5139-3 (Kindle)
ISBN 978-0-8254-5140-9 (epub)

1 2 3 4 5 edición / año 34 33 32 31 30 29 28 27 26 25

*Impreso en los Estados Unidos de América*
*Printed in the United States of America*

"Este estudio de la vida de Sara a través de la decepción, la prueba y la espera en el desierto te ayudará a cambiar tus temores, debilidades y dudas por una fe viva al descubrir la absoluta fidelidad de Dios. Mediante ilustraciones prácticas, ejemplos de la vida real y la aplicación de las Escrituras, *Moldeada por las promesas de Dios* te ayudará a atravesar los tiempos de espera con una fe inquebrantable".

—**Lisa Appelo**, autora de *Life Can Be Good Again: Putting Your World Back Together After It All Falls Apart*

"Esperar en Dios puede provocar mucha ansiedad o ser uno de los momentos más dulces de tu camino. El estudio bíblico de seis semanas de Shannon Popkin está lleno de sabiduría, esperanza y aliento para disfrutar de cada etapa de la vida entre las cimas de las montañas. *Moldeada por las promesas de Dios: Lecciones de la vida de Sara* te enseñará formas prácticas de invitar a Dios a transformar tu mente y tu corazón mientras aprendes a avanzar confiada en sus inquebrantables promesas y en su grandioso plan".

—**Linda Barrick**, conferencista, escritora y fundadora de *Hope Out Loud*

"*Moldeada por las promesas de Dios* te inspirará a conocer, creer y vivir las promesas de Dios cuando la vida no sigue el camino que esperabas. Shannon nos invita a confiar en Dios, como lo hicieron (o no lo hicieron) Abraham y Sara, al seguir el maravilloso rastro de su historia mientras esperaban años para ver el cumplimiento de lo que Dios les había dicho. Este libro me animó a descansar en la fidelidad de Dios, y sé que también lo hará en ti".

—**Vaneetha Risner**, autora de *Sedienta de esperanza* y *Cuando pases por el fuego*.

"Si alguna vez te has sentido abrumada por el temor cuando anhelabas tener fe, ¡este estudio es para ti! Shannon Popkin nos guía sabiamente a través de la vida de Sara en las Escrituras con claridad, gracia y verdad. Y lo que encontramos al sumergirnos en la Palabra es la hermosa noticia de que el temor no tiene por qué acecharnos constantemente; podemos ser mujeres que atraviesan con fe cada etapa de la vida, como Sara aprendió a hacer".

—**Ann Swindell**, autora de *The Path to Peace* y directora de Writing with Grace

"¿Qué nos promete Dios y qué significa creerle? En su minucioso estudio de la vida y la fe de Sara, Shannon nos muestra lo que significa ser moldeadas por las promesas de Dios: vivir con la seguridad de que todo lo que Dios dice es verdad. Aquí encontrarás un profundo análisis de las Escrituras, valiosas reflexiones y ayuda para crecer en tu fe, principalmente, porque Shannon te señalará a Jesús, el perfecto Hijo moldeado por las promesas".
—**Kristen Wetherell**, autora de *Help for the Hungry Soul* y *Fight Your Fears*

"Para la mujer que espera en Dios, mientras se pregunta cuándo responderá o por qué está tardando tanto, Shannon ofrece una esperanza renovada en las Escrituras, al recordarte que Dios nunca te dejará, ni te abandonará y que jamás se olvidará de ti. Adquiere un ejemplar de *Moldeada por las promesas de Dios*, y permite que Dios sustente tu corazón mientras te lleva de la mano hacia el glorioso futuro que tiene para ti".
—**Erica Wiggenhorn**, conferencista nacional de Aspire Women y autora galardonada de *An Unexpected Revival: Experiencing God's Goodness through Disappointment and Doubt*

# Contenido

*Cómo dejarse moldear por las promesas de Dios*............7

*Líneas de tiempo y mapas* ...............................16

SEMANA 1  El pueblo de la promesa...............................19

SEMANA 2  Traición y rescate .......................................71

SEMANA 3  Vergüenza y control ..................................111

SEMANA 4  Esperanza renovada..................................165

SEMANA 5  Volver a tener miedo.................................201

SEMANA 6  Risa y perspectiva.....................................237

*Conclusión: Moldeada por las promesas de Dios* .........283

*Apéndice 1: Las promesas de Dios que nos moldean* ....285

*Apéndice 2: Promesas para ti*........................289

*Agradecimientos* ................................................293

*Notas* .................................................................295

A mis padres, Roger y Judie Berry.
Su amor por las promesas de Dios ha puesto los cimientos de mi fe.

# Cómo dejarse moldear por las promesas de Dios

Las promesas de Dios no son como las mías; si no, pregúntaselo a mis hijos. Solía decirles: "Les prometo que hoy los recogeré a tiempo. Lo *prometo*", pero luego había un embotellamiento de tráfico, o se me caía un cartón de huevos justo antes de salir o me encontraba con una amiga en el supermercado y perdía la noción del tiempo mientras conversábamos. A menudo mis promesas se frustraban por circunstancias imprevistas que me impedían cumplirlas.

Sin embargo, Dios no tiene circunstancias imprevistas. Él controla el mundo entero y todo lo que hay en él, lo que significa que puede cumplir cada una de sus promesas. ¡Y las cumple!

Las promesas de Dios son como un paréntesis. Cuando hace una promesa, abre el paréntesis y, cuando cumple la promesa, lo cierra. Al igual que los paréntesis, las promesas de Dios siempre vienen en dos partes; nunca se abre un paréntesis sin que se cierre. Pero, a menudo, hay mucho más espacio de lo que esperamos entre la apertura y el cierre.

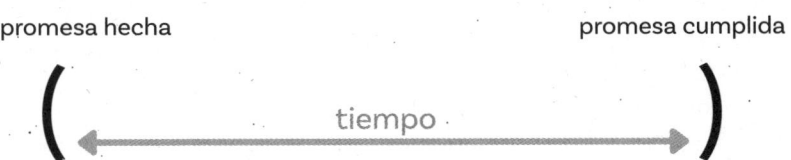

Ahora bien, dado que estas promesas vienen de Dios (no de tu madre que siempre llega tarde), puedes aferrarte a ellas con fuerza, con gran expectación, ¡y espero que lo hagas! Sin embargo, aferrarse a las promesas no es la parte difícil.

## UNA HISTORIA MÁS BREVE

Como pueblo de Dios, a menudo somos grandes admiradores de las promesas. Nos encanta repetirlas y consolarnos con lo que está por venir. Tenemos camisetas y tazas estampadas con la frase: "Dios siempre cumple sus promesas". Pero lo que no nos gusta es que haya un intervalo en la línea de tiempo entre la apertura y el cierre del paréntesis. No queremos experimentar ese "tiempo de espera". Preferimos que se cierre el paréntesis en un espacio corto de tiempo.

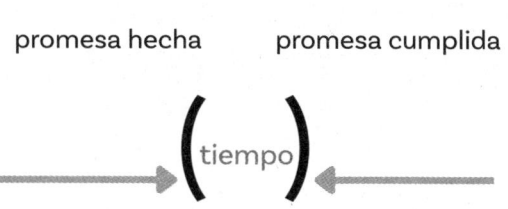

> Al final del libro he creado unas listas de promesas a las que haré referencia a lo largo del estudio. El Apéndice 1 de la página 285 ofrece tres preguntas para que te formules al considerar las promesas. (Pista: No todas las promesas son para todas las personas). El Apéndice 2 de la página 289 divide las promesas en tres listas, con espacio para que añadas más a medida que las encuentres en la Biblia. Tómate un momento para familiarizarte con esta sección del libro.

¿La realidad? Hay muchas promesas de Dios que no veremos cumplidas en nuestra vida. ¿Te imaginas esa frase estampada en una taza? Es ridículo. No nos gusta. Tenemos las mismas expectativas que cuando compramos un producto en Amazon con entrega al día siguiente.

Para calmar nuestra ansiedad, comprimimos mentalmente la línea de tiempo y acercamos los paréntesis, incluso en la forma en que leemos la Biblia. Basta pensar en las canciones que entonamos, los memes que creamos y las conversaciones que mantenemos. Borramos ese extenso intervalo entre Génesis 3 y Mateo 1, y pasamos del pecado a la cruz, todo en la misma frase.

Entiendo lo que se siente. ¿Quién quiere quedarse en el pecado y la muerte (que trajeron Adán y Eva) cuando se puede pasar al perdón y la vida eterna (que nos ha traído

Jesús)? Ahora bien, esta es mi pregunta: ¿Está bien reducir la Biblia a una historia mucho más concisa? Dudo que alguna de nosotras arranque físicamente las páginas de en medio para que quede una historia más sencilla y comprensible, pero cuando acercamos los paréntesis porque queremos pasar a la parte buena, ¿no nos estamos perdiendo algo?

**¿Has dedicado más tiempo a estudiar el Antiguo o el Nuevo Testamento? ¿Por qué?**

**¿Qué te perderías si nos saltáramos las partes de la Biblia que conducen al nacimiento de Jesús?**

**¿Qué ganamos si no nos adelantamos en la lectura?**

## NO TE SALTES LA PARTE BUENA

En este estudio de seis semanas, veremos la vida de Sara relatada en Génesis 12–21, una pequeña etapa ubicada en ese extenso tramo de tiempo entre el primer pecado y la vida de Jesús.

En Génesis 3:15, tras la entrada del mal en el mundo, Dios prometió que la descendencia de la mujer aplastaría a la serpiente y erradicaría el mal. Luego, tras el paso de cientos de años, Dios abre otro paréntesis y promete bendecir a todas las naciones del mundo a través de un hombre llamado Abram (Génesis 12:3). Aún es pronto en la historia global de la Biblia, por lo que Abram y su esposa Sarai tienen muchas preguntas sin respuesta sobre cómo y cuándo cumplirá Dios esta promesa. Sin embargo, parece que saben que en algún momento de su árbol genealógico (que actualmente no tiene ramas) nacerá el prometido Salvador que aplastará a la serpiente (Juan 8:56).

Hagamos una pausa para pensar. ¿Por qué la historia de Abram y Sarai es necesaria para la trama? ¿No podríamos ahorrarnos los siglos que tarda Dios en hacer "de [Abram] una nación grande" (Génesis 12:2) y saltar a la parte buena, en la que Jesús viene a morir por nuestros pecados?

Espero que al final de este estudio estés convencida de que el tramo entre paréntesis es una de las partes buenas, pero, por ahora, déjame asegurarte: Dios, el autor de la Biblia, tiene cosas buenas en mente cuando incluye largos tramos de tiempo entre el momento en que hace y en que cumple sus promesas.

## (LA TENSIÓN DE UN PARÉNTESIS ABIERTO

Si te gusta la gramática, tal vez te moleste este paréntesis sin su par en el encabezado. (Aquí voy a cerrar uno para ti). Ahora bien, piensa también en cómo te llama la atención. ¿No te parece como si la puerta de un armario estuviera abierta y hubiera que cerrarla? Así es como deberíamos sentirnos cuando leemos en la Biblia las promesas de Dios que aún no se han cumplido. Cada paréntesis sin su cierre está destinado a llamar nuestra atención y crear expectativa por lo que está por venir.

Mi marido y yo tuvimos la experiencia opuesta la semana pasada cuando decidimos mirar una serie de Netflix que nuestra hija nos había recomendado. Empezamos a mirarla sin percatarnos de que ella había accedido a su cuenta desde nuestro televisor, así que, sin querer, la retomamos desde donde ella la había dejado, que era la quinta temporada. Cuando descubrimos nuestro error, ya habíamos visto varios detalles clave de la trama. Cuando volvimos a empezar con la primera temporada, esos espoilers hicieron que la serie fuera mucho menos emocionante.

Dios es un narrador magistral, que no arruina la trama por saltarse con demasiada prisa a futuras "temporadas". A medida que la historia se desarrolla lentamente, con promesas aún sin cumplir, la tensión aumenta y no perdemos la atención. Esos paréntesis abiertos parecen una canción sin una nota final o un libro sin la última página. Al pasar las páginas de nuestra Biblia, nos preguntamos: *¿Puede Dios cumplir sus promesas? ¿Lo hará?*

Esta es la principal tensión en la historia de Sara, a quien la Biblia nos presenta por primera vez de esta manera: "Sarai era estéril, y no tenía hijo" (Génesis 11:30). Solo unos versículos después, Dios promete a su esposo: "Haré de ti una nación grande" (Génesis 12:2).

¿Te imaginas cómo habrá saltado de alegría el corazón de Sarai? Si Abram iba a ser el padre de una nación, ¡eso significaba que Sarai sería la *madre* de una nación! Se había abierto el primer paréntesis, pero luego llegó el siguiente capítulo, y el siguiente, sin que se cerrara el paréntesis. Y nos preguntamos junto con Sarai: *¿Puede Dios cumplir sus promesas? ¿Lo hará?* Suponiendo que creamos que lo hará, surge una nueva pregunta a medida que se ensancha el intervalo entre la apertura y el cierre del paréntesis: *¿Por qué Dios espera tanto?*

¿Qué esperas que Dios haga en tu vida o en la vida de alguien que amas?

_____
_____
_____
_____

¿Cómo es que este tiempo de espera ha sido una de las "partes buenas"? ¿Cómo lo ha utilizado Dios para captar o mantener tu atención?

_____
_____
_____
_____

## EL PORQUÉ DE LA ESPERA

He dividido la historia de Sara (Sarai al principio) en seis semanas de estudio. En las cuatro primeras lecciones de cada semana, nos adentraremos en el relato y consideraremos tanto la perspectiva de Sara como la de Dios sobre lo que acontece. Luego, en la quinta lección de cada semana, te daré la oportunidad de resumir la historia de Sara (es muy bueno poder retener estas historias para más adelante) y reflexionar sobre cómo Dios te está invitando a ti también a dejarte moldear por sus promesas.

Una de las mayores tensiones que encontraremos en la historia de Sara es el tiempo. El tiempo se escapa y hace cada vez más improbable que las promesas de Dios se cumplan. Y la pregunta tácita que parece ir en crescendo es: *¿Por qué, Dios? ¿Por qué la espera?*

Te invito a reflexionar con esta tensión que causa el paso del tiempo en tu propia historia mientras la observas en la de Sara.

¿Has luchado alguna vez con ese extenso intervalo entre la apertura y el cierre del paréntesis? ¿Has anhelado que se haga justicia? ¿Te has angustiado por la falta de pruebas de que Dios está haciendo que todas las cosas redunden para bien (Romanos 8:28)? Yo sí. Hace un tiempo, compré un diario de oración de cinco años de duración, que tiene una página para anotar tus oraciones cada día del año. En el segundo año, puedes repasar tus oraciones correspondientes a ese día del año anterior. Una vez, después de anotar en mi diario una petición a Dios sumamente angustiante, recordé la oración que había hecho ese mismo día unos años antes, y me di cuenta de que mi súplica era casi idéntica. Palabra por palabra, estaba pidiendo a Dios exactamente lo que ya había pedido. ¿Tienes alguna petición "recurrente" que hayas estado haciendo a Dios, literalmente, durante años?

A menudo, Dios utiliza los paréntesis abiertos para captar nuestra atención y dirigir nuestra mirada hacia Él. Mi diario de oración es una prueba tangible de mi "tiempo de espera" entre los paréntesis de las promesas de Dios. Con frecuencia, Dios atrae mi mirada hacia Él mientras espero en Él. ¿Tú también lo has experimentado?

Ciertos propósitos de Dios *solo* pueden cumplirse entre un par de paréntesis con un gran intervalo entre ellos. Mientras haces este estudio, ten en mente los siguientes dos propósitos, ambos demostrados en la historia de Sara. Tenlos en cuenta tú también, mientras atraviesas ese extenso intervalo entre las promesas que Dios te ha hecho y su cumplimiento.

## 1. LA FIDELIDAD DE DIOS SE DEMUESTRA CON EL TIEMPO

Suponte que te muestro una fotografía y te digo: "Este es un hombre muy fiel que conocí hoy". Podrías pensar que eso es poco creíble. ¿Cómo podría saber si alguien que acabo de conocer es fiel? En cambio, si te mostrara la misma fotografía y te dijera: "Este es mi esposo, un hombre muy fiel, con el que estoy casada hace veintiséis años", ahora sería mucho más creíble, ¿verdad?

Como puedes ver, la fidelidad solo se demuestra con el tiempo.

Al estudiar la vida de Sara y las promesas que Dios le hizo y cumplió, aprenderemos sobre la fidelidad de Dios de una manera que no podríamos si la Biblia saltara directamente de Génesis 3 a Mateo 1. En algunos casos, transcurrirán décadas entre las promesas que Dios hace y su cumplimiento. En otros casos, seguimos esperando (junto con Sara) que Dios cierre el paréntesis.

En cada párrafo de la vida de Sara, Dios nos demuestra que Él es fiel. Y, en las páginas que siguen, vemos que Dios está dispuesto a pasar miles de años en la línea de tiempo de la Biblia para demostrar lo que una Biblia más concisa no podría hacer: su fidelidad.

No obstante, Dios no solo quiere que conozcamos *acerca de* su fidelidad, sino que lo conozcamos de manera personal, como un Dios fiel que cumple su pacto. Piensa en mi analogía de la fotografía. Si mi nuevo conocido "fiel" prometiera depositarme mil dólares en mi cuenta bancaria, sería una insensata si le diera mi número de cuenta, ¿verdad? En cambio, si mi marido me lo prometiera, es probable que empezaría a planear cómo gastarlo.

Nuestro Dios fiel se deleita en nuestros planes de "gastar" lo que nos ha prometido. Quiere que sus promesas marquen una diferencia personal en nuestras vidas, lo que nos lleva a nuestra segunda verdad fundamental.

## 2. DIOS QUIERE QUE NOS DEJEMOS MOLDEAR POR SUS PROMESAS

Una de las cosas que intento que descubras en la historia de Sara es cómo cambia su carácter con el tiempo. La verás pasar de ser una mujer inquieta, controladora, insegura y centrada en sí misma, a ser una mujer de Dios confiada y segura, que asume un gran riesgo y luego su vida se llena de risas y alegría. ¿Qué marca la diferencia? Este versículo lo resume muy bien:

> [Sara] consideró fiel al que le había hecho la promesa.
> (Hebreos 11:11, NVI)

¿Ves la palabra *consideró*? Es un término relacionado con la contabilidad. Piensa en un banquero que *considera* tu solicitud de préstamo y sopesa las pruebas que le das para que tome una decisión. De modo que cuando Sara observa a Dios desde varios ángulos en la línea del tiempo, considera que Él es fiel, y esto es lo que la transforma. Al ver que Dios cumple sus promesas, Sara espera que ese patrón continúe.

Sara se dejó moldear por las promesas de Dios, que es lo que Dios desea de ti también. La historia de Sara no estaba destinada solo a Sara; esa es la buena noticia, también fue destinada a ti y a mí. Mientras lees y estudias, deja que la fidelidad de Dios te abrace a medida que se cierra el paréntesis en la vida de Sara, y observas su fidelidad en tu propia vida. Dios quiere que te conviertas en una mujer que (aun en la espera) pueda recibir la misma descripción que Sara:

_____ **consideró fiel al que le había hecho la promesa.**

**Escribe tu nombre en el espacio en blanco y léelo en voz alta. ¿Quieres que eso sea verdad para ti? Entonces, abre la Biblia en una de las partes buenas de Génesis 12 y prepárate para dejarte moldear por las promesas de Dios.**

# Líneas de tiempo y mapas

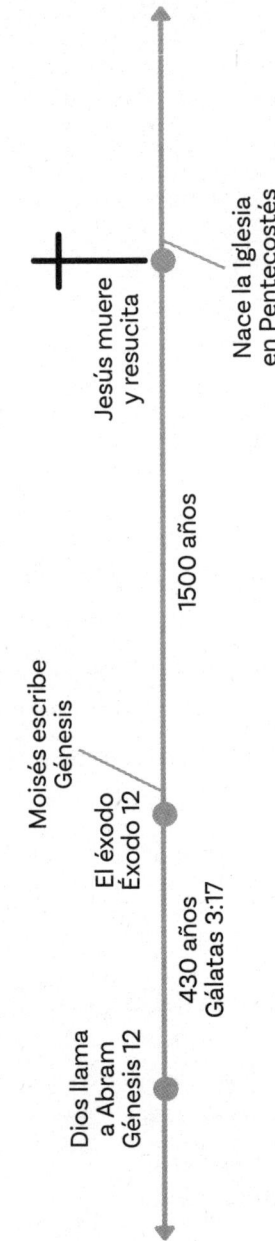

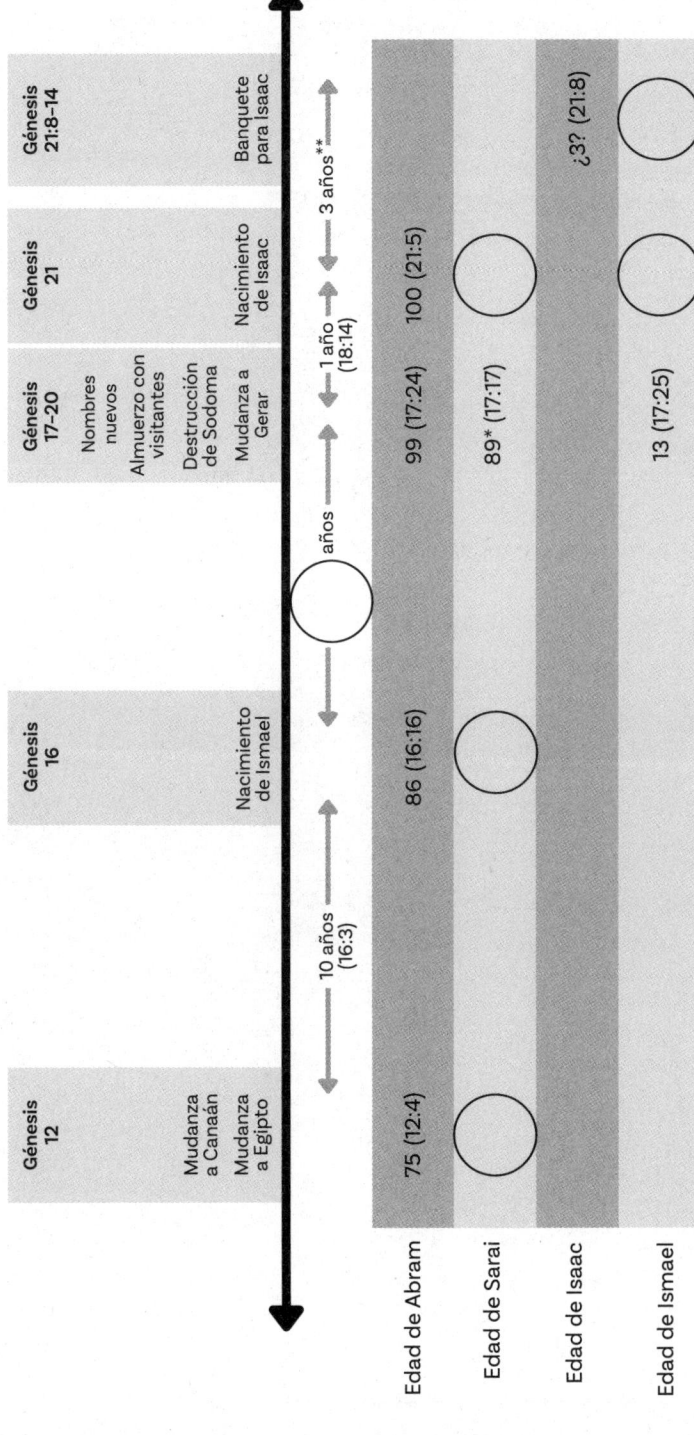

LÍNEAS DE TIEMPO Y MAPAS | 17

# MAPA DE LA ANTIGUA MESOPOTAMIA Y EL MEDIO ORIENTE

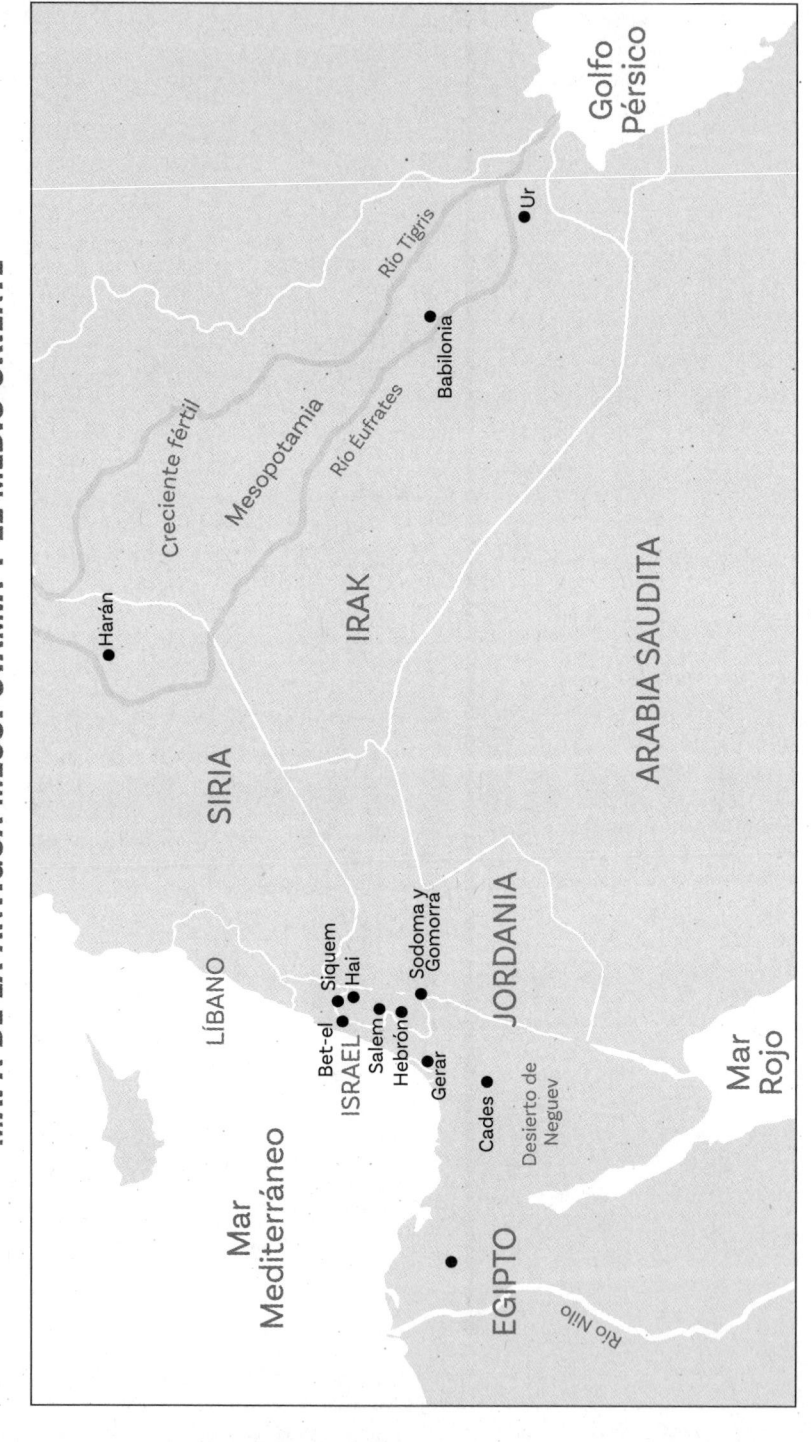

18 | LÍNEAS DE TIEMPO Y MAPAS

**SEMANA 1**

# El pueblo de la promesa

# SEMANA 1   LECCIÓN 1

# El pueblo de la promesa

## EL DIOS QUE DICE "TE BENDECIRÉ"

Cuando tenía unos veinte años, acepté que mi amiga me organizara una cita a ciegas con un joven de nuestra iglesia. En las semanas previas, pregunté a varios amigos de confianza: ";Qué sabes de este muchacho, Ken?". Nadie sabía mucho. Trabajaba fuera de la ciudad. No venía a las reuniones sociales. Un amigo, Chris, que era uno de los pastores que conocía a Ken, me dijo que me lo señalaría.

Al domingo siguiente, al otro lado del concurrido atrio de la iglesia, vi a Chris que me saludaba con la mano y me señalaba a Ken. Chris siempre se ríe cuando le cuento cómo me escabullí de su vista, avergonzada. Sin embargo, ese vistazo fue suficiente para ayudarme a identificar a Ken más tarde, ese mismo día, cuando coincidimos en la escalera de la iglesia. *¿Me saludaría? ¿Debería mencionarle lo de la cita?* Pero el apuesto y misterioso desconocido pasó de largo sin ni siquiera mirarme a los ojos.

Pues bien, la cita estuvo bien. Ken me hizo reír. Me cayó bien. Así que actué con cautela y, con el tiempo, demostró ser un hombre considerado, generoso y atento que amaba a Dios y me amaba a mí. Al cabo de un año, mi cita a ciegas se había convertido en mi mejor amigo, así que cuando me propuso matrimonio, le dije que sí.

## EL ORIGEN DEL PUEBLO DE DIOS

Al comienzo de la historia de Abram y Sarai, Dios es como un misterioso desconocido. Ninguna persona de confianza sabía nada de Él porque poco a poco, por toda la faz de la tierra, se había ido esfumando el conocimiento de Dios. *¿Cómo puede ser?* —nos preguntamos—. *¿Acaso Dios no acaba de crear el mundo apenas unas páginas atrás?*

Sí, y esa es, en parte, la idea.

Como verás, Génesis es la historia del origen. La primera parte del libro (Génesis 1–11) comienza con Dios que camina y habla con Adán y Eva en un hermoso huerto. Luego la serpiente los recluta para una rebelión, cometen una traición y se producen las trágicas consecuencias. Adán y Eva se separan de Dios, y la corrupción y la muerte impregnadas de pecado se propagan como una plaga que se transmite a cada nueva generación.

La primera parte concluye con los descendientes de Adán y Eva, que ceden ante la influencia del mundo y construyen una torre en una ciudad llamada Babel. Dios pone fin al proyecto al confundir su lengua y agruparlos en nuevos clanes familiares que se dispersan por toda la faz de la tierra y, con el tiempo, se convertirían en las diferentes naciones. (Puedes leer la historia en Génesis 11:1-9).

Luego viene la segunda parte, la historia del origen del pueblo de Dios, que comienza cuando Dios elige a uno de esos clanes familiares dispersos para comprometerse con ellos: una pareja sin hijos, que se llamaban Abram y Sarai, y les hace una gran promesa.

## UNA FAMILIA ELEGIDA

**Lee Génesis 11:27 y completa el árbol genealógico de Abram, empezando por su padre, Taré.**

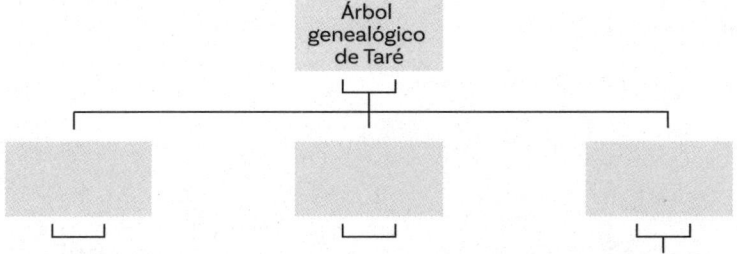

¿Qué indicios hay del por qué Dios eligió a Abram? Considera Josué 24:2-3 para responder.

Lee Génesis 12:1-4 y resume brevemente las promesas que Dios hace en el versículo 2 de:

   Nación

   Nombre

   Bendición

¿Qué otra promesa hace Dios en Génesis 12:7?

Se trata de promesas sorprendentes. Ser "bendecido" implica que Abram será rico y tendrá un futuro brillante donde las cosas le saldrán bien.[1] Tener un gran nombre implica que personas de todas partes no solo conocerán a Abram, sino que pensarán bien de él. Por no hablar de tener una familia del tamaño de una nación y el destino de bendecir al mundo entero.

Sarai no se menciona específicamente aquí, pero es probable que esté muy contenta con estas asombrosas promesas que cambiarán su vida en gran manera.

## UNA PROPUESTA DE MATRIMONIO

La historia del origen del pueblo de Dios comienza aquí, con dos personas cuyas vidas están a punto de cambiar drásticamente. Dado que la Biblia utiliza a menudo el matrimonio como metáfora para describir la relación de Dios con nosotros, podríamos llamar a esto la "cita a ciegas" de la relación, pero parece más bien una propuesta de matrimonio. El ritmo es vertiginoso. No hay preguntas ni se actúa con cautela. Dios le dice a Abram simple y llanamente: "Vete de tu tierra y de tu parentela, y de la casa de tu padre" (Génesis 12:1). ¿Te imaginas? Es tan estremecedor como lo habría sido aquel día en las escaleras de la iglesia si el apuesto desconocido me hubiera mirado a los ojos y me hubiera dicho: "Casémonos. Ve a hacer las maletas y te diré a dónde ir".

**Deja a un lado cualquier imagen preconcebida de una propuesta matrimonial común en tu cultura (como un muchacho arrodillado o un fotógrafo escondido que capta la cara de sorpresa de la novia) y considera, ¿qué tienen en común las propuestas de matrimonio?**

**En una propuesta de matrimonio, ¿qué se propone? ¿qué se afirma y qué está implícito?**

........................................................................................
........................................................................................
........................................................................................

**¿En qué medida responder "sí" requiere fe?**

........................................................................................
........................................................................................

**¿En qué te recuerda Génesis 12:1-4 a una propuesta de matrimonio?**

**¿Qué tiene de sorprendente esta propuesta?**

## LAS PROMESAS DE BENDICIÓN

La mayoría de las propuestas de matrimonio comienzan con una pregunta: "¿Quieres casarte conmigo?", cuya respuesta implica una promesa de la otra parte. Sin embargo, Dios comienza con una serie de promesas asombrosas. Y estas promesas son asombrosas no solo por lo que se promete, sino por quién las hace. Miremos el telón de fondo de la historia.

> Puesto que la fidelidad de Dios está enraizada en su propio carácter, es imposible que no cumpla sus promesas a su pueblo. Debe hacerlo. Deuteronomio 7:9 declara: "Conoce, pues, que Jehová tu Dios es Dios, Dios fiel, que guarda el pacto y la misericordia a los que le aman y guardan sus mandamientos, hasta mil generaciones".

No se dice nada de que la familia de Abram buscara a Dios. Como se lee en Josué 24:2, su familia servía a dioses extraños. Probablemente, eran adoradores de la luna.[2] Así que Abram estaba viviendo una vida de adoración a la luna cuando apareció Dios con su promesa de bendecirlo.

¿Cuál es, pues, el origen del pueblo de Dios? Comenzó con las promesas de Dios.

**Rellena los espacios abajo en Génesis 12:2-3 usando la versión Reina-Valera de 1960 (RVR1960) para descubrir las promesas de Dios:**

Y _____ de ti una nación grande, y te _____, y _____ tu nombre, y serás bendición. _____ a los que te bendijeren, y a los que te maldijeren _____; y _____ benditas en ti todas las familias de la tierra.

¿Quién cumplirá las promesas y quién se beneficiará de ellas? ¿Qué dice esto sobre la relación de Dios con nosotros?

_____
_____
_____
_____

## DIOS CAMINA POR EL PASILLO HACIA EL ALTAR

Si Génesis 12 es la historia de una propuesta de matrimonio, Génesis 15 es la ceremonia. La historia está un poco más avanzada, pero echémosle un vistazo.

Dios le dice a Abram que su descendencia, como las estrellas del cielo, será demasiado numerosa para contarla. Y que le dará la tierra como herencia. "¿Cómo puedo estar seguro de que realmente voy a poseerla?", pregunta Abram (ver Génesis 15:8, NTV). En respuesta, Dios le pide a Abram que parta algunos animales por la mitad y que ponga cada mitad una enfrente de la otra con un "pasillo" en el medio.

Ahora bien, si tú o yo viéramos a una vecina colocar trozos de animales en el césped de su casa, probablemente llamaríamos a la oficina de protección de animales. Pero, por aquel entonces, así era como se "sellaba" un pacto entre dos personas, ambos caminaban por el pasillo entre las piezas de animales cortados, como si estuvieran diciendo: "Que me pase lo mismo que a estos animales si no cumplo las promesas que he hecho". A propósito, de aquí sacamos la idea de "caminar por el pasillo hacia el altar" en una ceremonia matrimonial.³

**Lee Génesis 15:12, 17-18. ¿En qué se diferencia esta ceremonia de pacto de lo que he descrito anteriormente? (Pista: Fíjate en lo que hace Abram en el versículo 12).**

---
---
---

**¿Qué le estaba demostrando Dios a Abram? ¿Qué implica esto sobre nuestra relación con Dios?**

---
---

## ESTO COMIENZA CON PROMESAS

Imagina asistir a una boda en la que solo el novio camina por el pasillo hacia el altar y hace las promesas de matrimonio a una novia que ni siquiera se ha aseado. Nos haríamos algunas preguntas, ¿verdad? Deberíamos hacernos un cuestionamiento similar al considerar este pacto entre Dios y su pueblo.

La relación de Dios con Abram crea un modelo o "tipo" para el resto de nosotros, que hemos nacido en la corrupción del pecado y no podemos lavarnos y estar lo suficiente limpios como para buscar a Dios. ¿Cómo podemos pasar de ser enemigos de Dios a ser su pueblo? Como en el caso de Abram, esto comienza con una serie de promesas abundantes, sorprendentes, amorosas y gloriosas, que no hacemos nosotros, sino Dios.

Observa que Dios le pide a Abram que lo obedezca. Y Dios hará otras promesas adicionales a su pueblo que también están condicionadas a que obedezcan sus leyes. No obstante, la Biblia hace hincapié en que esas leyes no llegaron hasta 430 años *después* que Dios hiciera estas promesas a Abram (ver Gálatas 3:17). Lo que quiero enfatizar es que nuestra relación con Dios comienza cuando Él hace promesas y se compromete a cumplirlas, y nosotros respondemos con fe.

¿Te suena esto familiar? A mí sí. Recuerdo el día cuando, a los cuatro años, estaba jugando en el jardín bajo un abedul. Estaba pensando en la historia de Nicodemo, el hombre que no quería morirse. Yo tampoco quería morirme, así que pensé detenidamente en lo que Jesús le prometió a este hombre, que todo aquel que en Él cree "no se pierda, mas tenga vida eterna" (ver Juan 3:16). Entré a casa y le dije a mi madre que yo también quería creer en Jesús. Quería vivir.

Esa decisión que cambió mi vida comenzó cuando consideré las promesas de Dios.

Cuando te volviste a Dios por primera vez (o cuando consideraste hacerlo), ¿a qué promesas estabas respondiendo? ¿Quizá una promesa de recibir el perdón o la aceptación de Dios o la vida eterna? O tal vez te inquietó sabiamente la promesa de que Dios juzgará el pecado.

**Cuéntanos cuál es la primera promesa de Dios a la que recuerdas haber respondido y por qué. (Puedes consultar la lista de la página 289).**

_____

_____

Espero que, a través de este estudio, las promesas de Dios sean cada vez más preciosas para ti, pero hay algo de lo que tal vez no te hayas dado cuenta: Si perteneces a Dios, entonces *tú* eres una de las formas en que Dios ha cumplido sus promesas a Abram y Sarai. Tu historia está ligada a la de ellos.

## LOS DESCENDIENTES DE LAS NACIONES

**Busca Génesis 12:3 en la versión Nueva Traducción Viviente (NTV):**

Todas las _____ de la _____ serán _____ por medio de ti.

**¿Quiénes son las familias o "pueblos" a los que se refiere Dios?**

...................................................................................................................

...................................................................................................................

**¿Qué otra promesa hizo también Dios a Abraham en Génesis 17:5?**

...................................................................................................................

...................................................................................................................

Si la Biblia fuera exclusivamente la historia de las promesas que Dios hizo a Abram y sus descendientes, sería bastante devastador para el resto de las naciones dispersadas en Babel, ¿no es cierto? Así fue durante siglos. Entonces, un día especial, Dios abrió las puertas de par en par y les mostró el camino para que personas de todas las naciones se convirtieran en "hijos de Abraham".

En Pentecostés (una fiesta judía que se celebraba cincuenta días después de la resurrección de Jesús), los discípulos de Jesús (llenos del Espíritu de Dios) empezaron a hablar en lenguas que no conocían. Fue como en la Torre de Babel, solo que con el efecto contrario. Atrajo a las personas que oían hablar en su propia lengua, y se congregó una enorme multitud para escuchar un sermón sobre el Hijo de Dios, Jesús, que murió en la cruz, no por su propio pecado, sino por el de cada uno de ellos. La muerte de Jesús podía contar como pago por su castigo. La sangre de Jesús podía lavar la corrupción de sus pecados. ¡Por la gracia de Dios, podían participar de la vida eterna y la herencia de Jesús! Solo tenían que creer las promesas de Dios y seguir ese camino para ser salvos.

**Anota lo que se dice de las naciones (o familias) en:**

Hechos 2:5-6 _____

_____

Génesis 12:3 _____

_____

Génesis 17:5 _____

_____

**¿Cómo cumple Dios sus promesas en Hechos 2:41?**

_____

_____

Cuando Dios prometió que todas las naciones serían bendecidas a través de Abram, creo que fue como una vista previa de diez segundos de *este* día, cuando Abram se convirtió en el padre de muchas naciones (Romanos 4:17, NTV). Dios quería que aquellos que quizás somos irlandeses, mexicanos, chinos y suajili supiéramos que no éramos una idea de último momento. Cuando Dios le dijo a Abram "Te bendeciré", no te estaba excluyendo. Te estaba *incluyendo* en sus planes. A través de Abram vino Jesús, que fue enviado para bendecirte a *ti* (Génesis 12:3).

Después de Pentecostés, cuando los creyentes de todas las naciones regresaron a sus hogares y llevaron consigo las promesas de Dios, el mensaje de Jesús comenzó a difundirse por todo el mundo, y se ha extendido incluso hasta mí y hasta ti. He aquí una cita de aquel sermón de Pentecostés:

> Esta promesa es para ustedes, para sus hijos y para los que están lejos, es decir, para todos los que han sido llamados por el Señor nuestro Dios (Hechos 2:39, NTV).

**¿Leíste eso? ¡Esta promesa es para ti! Añade tu nombre en el espacio en blanco:**

"Esta promesa es para _____".

# SEMANA 1 — LECCIÓN 2

## LA FE ES SALIR SIN SABER A DÓNDE

Cuando los padres de Heather fueron como misioneros a Mongolia, la gente se preguntaba: "¿Es una decisión responsable? ¡Tienen ocho hijos! ¿Y si necesitan atención médica?". La fe exigía ir sin conocer todas las respuestas.

Cuando Heather cumplió doce años, su madre sufrió complicaciones en el embarazo y tuvo que ser trasladada en avión a China. En medio del caos que supuso la llegada de los médicos y el traslado de su madre en camilla, el padre de Heather la llamó y le dijo: "Heather, sé que esto te asusta y te resulta difícil, pero tienes la oportunidad de mostrar a tus hermanos menores cómo es entregarle tu miedo al Señor y confiar en Él". Y eso fue lo que Heather decidió hacer.

Heather, de doce años, utilizó sus limitados conocimientos de la lengua y cultura mongolas para ayudar a sus abuelos (que estaban de visita) a moverse por la ciudad, tomar un taxi hasta la embajada para sus visas y cuidar de sus hermanos con varicela. Heather aún recuerda cómo creció su fe cuando Dios trajo al mundo a su hermanita sana y salva.

Cuando la escucho contar su historia y me pongo en el lugar de su padre, mi instinto es querer proteger la fe incipiente de Heather; distraerla un poco con pasteles o regalos. Me parece fascinante que su padre hiciera lo contrario. En lugar de mimar a Heather, encargó a su hija creyente que tuviera la fe "de salir sin saber a dónde", que es lo que Dios nos pide a todos. A los misioneros en Mongolia. A niñas de doce años. A ti.

En la lección anterior, vimos a Dios como el que hace y cumple las promesas. Sin embargo, Él quería que Abram y Sarai respondieran a esas promesas en gran manera.

**Lee Génesis 12:1-4**

**¿En qué se diferenciaría la historia de nuestro origen si faltaran los versículos 2-3?**

_____

_____

_____

_____

**¿En qué se diferenciaría la historia de nuestro origen si faltaran los versículos 1 y 4?**

_____

_____

_____

_____

**¿Qué aprendemos sobre la relación entre la fe y la obediencia?**

_____

_____

_____

_____

**Utiliza la línea de tiempo de la página 17 y determina cuántos años tenían Abram y Sarai.**

_____

**Lee Génesis 12:4-8. En el mapa de la página 18, marca los viajes de Abram y su clan.**

**¿Qué destacan de su obediencia y fe la edad de Abram y Sarai y la distancia que recorrieron?**

_____

_____

_____

## PON TU FE EN ACCIÓN

La fe no comienza cuando hacemos algo increíble, sino cuando creemos en una promesa increíble y vivimos conforme a esa verdad. Sin las promesas de Dios, Abram y Sarai habrían estado locos si caminaran 1600 km hacia lo desconocido, pero *con* las promesas de Dios, habrían estado locos si no lo hubieran hecho.

> *No fue un viaje sencillo. Abram y Sarai caminaron 1600 km para llegar a la tierra prometida. Desde donde yo vivo, en Michigan, hay unos 1600 km hasta McKinney, Texas (un suburbio de Dallas). Busca un lugar a 1600 km de donde vives y anótalo aquí:*

Tú y yo solemos pensar que la "fe" es lo que creemos acerca de Dios, es decir, que la fe es algo que hacemos con la cabeza. Sin embargo, en hebreo (el idioma de Génesis), la fe es algo que se hace no solo con la cabeza, sino también con los pies. La palabra hebrea para fe (*emuná*) conlleva siempre la idea de creencia y acción juntas.[4] De modo que, si tienes fe en un automóvil, lo conducirás. Si tienes fe en un puente, caminarás sobre él. Las promesas de Dios nos moldean cuando ponemos nuestra fe en acción.

Vemos esta idea en Hebreos 11, que no enumera lo que las grandes personas de fe creían acerca de Dios, sino lo que hicieron como resultado de su fe. El autor incluye la historia completa de Abram y Sarai.

**1. ¿Qué hizo Abram (más tarde llamado Abraham) por la fe, según Hebreos 11:8?**

_____

_____

¿Qué detalle que requiere fe se incluye?

2. ¿Qué más hizo Abram por la fe, según Hebreos 11:9?

¿Cómo es que Abram demostró su fe al evitar hacer algo, según Hebreos 11:15?

¿Qué detalle que requiere fe se incluye en Génesis 12:6?

3. ¿Cuál de estos dos detalles que requieren fe crees que fue más difícil y por qué?

## INESPERADA ~~BENDICIÓN~~ PRUEBA

Cuando Abram y Sarai hacen este viaje de 1600 km, después de salir sin saber a dónde iban, y llegan a un país extranjero, yo no puedo encontrar en las Escrituras esas grandes bendiciones que Dios les prometió. Yo esperaba que un "autobús de la bendición" se detuviera delante de su tienda, cargado de sillitas y cochecitos para todos los niños que iban a tener. Sin embargo, en lugar de bendecirlos, Dios los somete a prueba.

Génesis 12:5-6 señala: "A tierra de Canaán llegaron. Y pasó Abram por aquella tierra…". Luego dice dónde decidieron asentarse en el mapa y añade un pequeño detalle:

> **En aquel tiempo, los _____ habitaban esa región (Génesis 12:6, NTV).**

Habían recorrido miles de kilómetros, confiando en lo que Dios les había prometido. Si fuera yo, estaría imaginando una tierra extensa y vacía, todavía por descubrir, ¿tú no? Supongo que se sintieron un tanto ridículos cuando encontraron a los cananeos viviendo allí como si fueran los dueños del lugar. Puedo ver la preocupación y la alarma en el rostro de Sarai mientras el cierre del paréntesis se desplaza aún más en la línea del tiempo que se extiende por un largo tramo del "todavía no".

promesa hecha

( ←—————————————→ todavía no…

Así que estamos aprendiendo que el proceso de ser moldeadas por las promesas de Dios, implica, en ocasiones, pruebas. A veces, la prueba consiste en poner nuestra fe en acción y salir del lugar donde estamos. Otras veces, la prueba consiste en quedarnos quietas donde estamos, incluso cuando hay razones para no hacerlo.

¿De qué manera te ha puesto Dios a prueba en lugar de bendecirte? Menciona un momento (presente o pasado) en el que hayas enfrentado cada una de estas situaciones:

**Dios te dio algo y luego te lo quitó.**

------------------------------------------------------------
------------------------------------------------------------
------------------------------------------------------------

**Dios tardó más de lo que pensabas.**

------------------------------------------------------------
------------------------------------------------------------
------------------------------------------------------------

**Hubo una amenaza inesperada.**

------------------------------------------------------------
------------------------------------------------------------
------------------------------------------------------------

**Dios te guio a algún lugar, pero no resultó como esperabas.**

------------------------------------------------------------
------------------------------------------------------------
------------------------------------------------------------

¿Cuál de estas situaciones te ha tentado a volver atrás, en lugar de quedarte en el lugar?

------------------------------------------------------------
------------------------------------------------------------
------------------------------------------------------------

En temporadas de "todavía no", existe la tentación de volver atrás, pero Abram y Sarai no solo obedecieron, sino que permanecieron allí. No solo salieron de su tierra, sino que tomaron la decisión de no volver a ella cuando el paréntesis de las promesas de Dios no se cerró inmediatamente.

## CONOCE A LOS ISRAELITAS DEL DESIERTO

Detente conmigo un momento y considera la primera audiencia de Génesis: los descendientes de Abram y Sarai, que ahora suman unos dos millones de personas. Cuando Moisés escribió el Génesis, pensaba en ellos, no en nosotras. De hecho, a Moisés le sorprendería pensar que, miles de años después, mujeres de todo el mundo leerían sus escritos. Considerar lo que la historia de Sarai significaba para los israelitas en el desierto nos ayudará a no añadir ni quitar nada de su significado para nuestra vida.

> **ISRAEL/HEBREOS/ JUDÍOS... ¿eh?**
> Los (futuros) descendientes de Abram y Sarai se llaman israelitas, por Israel (el nombre que Dios da a Jacob, nieto de Abram). También se les llama hebreos, por su lengua y ascendencia. Además, se les llama judíos, quizá por su relación con la tribu de Judá.

**Consulta la línea de tiempo de la página 16.**

**¿Cuántos años después que Abram recibiera la promesa se escribió Génesis?**

_____

**¿Algunos de los israelitas del desierto habían conocido a Abram y Sarai?**

_____

Para entender la situación en que se encuentran los israelitas en el desierto, tenemos que comprender su historia. Fueron esclavos en Egipto durante cientos de años antes que Dios los liberara. Es asombrosa la historia de cuando Dios partió el Mar Rojo y los condujo hasta el umbral de la tierra prometida, que primero había prometido a Abram. Si Génesis 12 fue la historia de la propuesta de matrimonio entre Dios y su pueblo a través de Abram, esta es la parte cuando Dios lleva a su pueblo a través del umbral hacia su nueva vida juntos.

Sin embargo, cuando el pueblo llegó a Canaán, en lugar de la bendición de Abram y Sarai, se encontraron con la misma prueba que sus antepasados habían encontrado: todavía había cananeos que habitaban en la tierra como si fueran los dueños del lugar. Y estos cananeos eran tan grandes, que los israelitas se sentían como langostas (Números 13:33).

**Consulta la línea de tiempo y añade una estrella para las veces que Abram y Sarai y los israelitas entraron por primera vez a la tierra de Canaán.**

**Lee Números 14:1-4 (RVR1960).**

**¿De qué dos cosas se queja el pueblo en Números 14:2?**

¡Ojalá..._____ ojalá..._____!

**En el versículo 3, preguntan: "¿Y por qué nos trae Jehová**
__ _____ _____...?

**¿Cuál es la respuesta a esta pregunta?**

_____
_____
_____
_____

**¿Qué se dicen unos a otros en el versículo 4, y por qué?**

_____
_____
_____
_____

## UN FRACASO AL CRUZAR EL UMBRAL

Ken mantuvo nuestros planes de luna de miel como una sorpresa. Después de cambiarme el vestido de novia y salir con la maleta en mano, me abrazó por detrás y me susurró: "¿Estás lista para ir a Cape Cod?". Mi corazón saltó de emoción. Mi apuesto novio no había sido más que honrado y digno de confianza. ¿Por qué dudaría en cabalgar con él hacia esta nueva aventura?

Ahora imagina que las cosas fueran diferentes. Supongamos que apenas le echara un vistazo a Cape Cod empezara a llorar y temblar, y dijera: "No voy a ir. Es imposible que esto acabe bien. Prefiero estar muerta que ir allí *contigo*. Buscaré a otro hombre que me lleve de vuelta a casa".

Pues bien, eso sería un fracaso al cruzar el umbral, ¿no te parece? Esto es lo que está pasando con los israelitas. Están llenos de miedo, no de fe; tanto, que preferirían estar muertos antes que cruzar a la tierra prometida. Su plan es abandonar a Dios, elegir un nuevo líder y volver atrás (Números 14:2-4).

Cuando Abram y Sarai entraron en esta misma tierra, Dios era como la fotografía de un "recién conocido" (lo que revela cuán extraordinaria era su fe). No obstante, los israelitas del desierto podrían llenar un álbum de recortes con sus experiencias de la fidelidad de Dios. Aun así, tras echar un vistazo a la tierra prometida, tiemblan de miedo, dispuestos a ignorar a Dios y darse media vuelta.

Pues bien, Dios no se encoge de hombros ante este fracaso al cruzar el umbral (ver Números 14:26-35). ¿Querían morir en el desierto? Dios hará que eso ocurra. Durante cuarenta años vagarán por el desierto, y solo después que cada adulto (de veinte años en adelante) muera, Dios conducirá a sus hijos a la tierra prometida. Fíjate qué contraste.

Cuando Abram y Sarai entran en la tierra prometida, conocen a Dios desde hace:
   a. Unos cientos de años
   b. Unos meses
   c. Unas horas

Cuando los israelitas entran en la tierra prometida, conocen a Dios desde hace:
   a. Unos cientos de años
   b. Unos meses
   c. Unas horas

¿Cómo han experimentado la fidelidad de Dios a lo largo del tiempo? Utiliza tu conocimiento bíblico previo y traza las líneas que correspondan:

| | |
|---|---|
| **Abram y Sarai** | Las diez plagas |
| | La división del Mar Rojo |
| | Una columna de nube y fuego para guiarlos |
| **Los israelitas** | Maná del cielo |
| | Agua de una roca |

¿Qué encuentran al llegar a la tierra prometida? Traza una línea:

| | |
|---|---|
| **Abram y Sarai** | Los cananeos se creen los dueños del lugar |
| **Los israelitas** | Un "autobús de la bendición" |
| | Una tierra vacía para ocupar |

¿Cómo respondieron Abram y Sarai?
   a. Se quedaron.
   b. Hicieron planes para volver a casa.

Describe su fe. ¿Qué podemos aprender?

_____
_____
_____
_____

¿Cómo respondieron los israelitas?
   a. Se quedaron.
   b. Hicieron planes para volver a casa.

Describe su fe. ¿Qué podemos aprender?

_____
_____
_____
_____

## CUANDO IGNORAMOS A DIOS

Seamos justas. Se necesitaría mucha valentía para que alguien (y mucho más estos esclavos fugitivos) marchara a una ciudad y dijera: "Ahora es mía. Dios lo dijo". ¿Quién no estaría aterrorizado? Sin embargo, estos son los descendientes de Abram y Sarai, los famosos que pusieron su fe en acción. Si los israelitas del desierto se volvieran atrás, ¿*continuarían siendo* el pueblo de la promesa?

Sorprendentemente, la respuesta es sí. La consecuencia de cuarenta años en el desierto que Dios les impuso no se debió a que el pueblo rompió sus promesas. En principio, ellos no fueron los que hicieron las promesas, ¿recuerdas? La justa ira de Dios ardió, no porque ellos ignoraron a Dios, sino porque dudaron de Él. Se negaron a dejarse moldear por las promesas de Dios.

**Mira la palabra exacta que Dios utilizó:**

> Y vuestros hijos... llevarán vuestras _____,
> hasta que vuestros cuerpos sean consumidos en el desierto
> (Números 14:33, RVR1960).

Algunas traducciones utilizan la palabra "infidelidad" en ese espacio en blanco, con la connotación de un cónyuge que es infiel. Dios llama "infidelidad" a la negativa de los israelitas a poner su fe en acción. Lamentablemente, lo que podría haber sido como un esperado viaje de luna de miel se convirtió en cuarenta años de funerales en el desierto.

## NUESTRA RESPUESTA A LAS PROMESAS DE DIOS

Cuando Moisés saca sus utensilios de escritura y sus tablillas cuneiformes para escribir la historia del origen de nuestros pioneros de la fe, se está dirigiendo a un grupo de desertores de la fe. Y, extrañamente, eso me da esperanza. El mero hecho de que Moisés (inspirado por Dios) escriba la historia de Abram y Sarai con el sonido de fondo de las tumbas que cavaban significa que las promesas de Dios no quedan anuladas por nuestra infidelidad. Los israelitas en el desierto pueden ser infieles, pero siguen siendo el pueblo de la promesa. ¿Por qué? Porque *Dios* es fiel.

Amiga, ¿responderás con fe a este Dios que te persigue amorosamente con sus promesas? Tú también serás sometida a prueba. Enfrentarás tus propios "cananeos". ¿Qué ejemplo seguirás?
1. Los israelitas se negaron a poner su fe en acción, incluso cuando la tierra prometida estaba a la vista.

**¿Qué te ha llevado a ignorar a Dios?**

.................................................................................................
.................................................................................................
.................................................................................................
.................................................................................................

**¿Tu respuesta a la prueba ha sido volver atrás?**

.................................................................................................
.................................................................................................
.................................................................................................
.................................................................................................
.................................................................................................

**Dios sigue siendo fiel contigo. ¿En qué te pide que confíes en Él?**

.................................................................................................
.................................................................................................
.................................................................................................
.................................................................................................
.................................................................................................

2. Abram y Sarai pusieron su fe en acción durante 1600 km.

**¿En qué te pide Dios que tengas la fe de "salir sin saber a dónde"?**

.................................................................................................
.................................................................................................
.................................................................................................
.................................................................................................
.................................................................................................

**¿Cómo puedes quedarte en el lugar adonde Dios te ha llevado, aunque haya razones para no hacerlo?**

---------------------------------------------------------------------
---------------------------------------------------------------------
---------------------------------------------------------------------
---------------------------------------------------------------------
---------------------------------------------------------------------
---------------------------------------------------------------------
---------------------------------------------------------------------
---------------------------------------------------------------------

# SEMANA 1 — LECCIÓN 3

## LA FE ES DEJAR ATRÁS LO QUE DIOS TE PIDE Y AFERRARTE A ÉL

Salí con un joven durante un tiempo, al que me refería en mi diario personal como el "Sr. Perfecto". A mí me parecía el candidato ideal, pero sin ninguna razón que pudiera explicar, sentí que Dios me pedía que me olvidara del Sr. Perfecto.

"¡No entiendo, Señor!", me lamenté. Decidí pedirle una prueba a Dios. Sabía que vería al Sr. Perfecto en una reunión, así que le dije al Señor: *Si me invita a salir después de la reunión, lo tomaré como tu "visto bueno" a la relación, pero si no me invita a salir, renunciaré a él.*

Era bastante seguro que saliéramos después de la reunión, ya que a menudo lo hacíamos. Sin embargo, esta vez estuvimos hablando en el estacionamiento durante una hora en la que me preguntaba todo el tiempo si me invitaría a salir, pero no lo hizo.

Él se fue conduciendo en un sentido y yo en el otro, y luego me detuve en un estacionamiento para llorar, pero mantuve mi compromiso. Estaba segura de que era el Señor quien me estaba guiando, porque era una idea que nunca se me habría ocurrido a mí. Como joven veinteañera, dejar atrás al Sr. Perfecto fue uno de mis mayores ejemplos de fe en acción.

Más tarde, me enteré de que el Sr. Perfecto no era tan perfecto como parecía. Aunque seguir la guía de Dios no implica que evitaremos todas las dificultades, esta vez sí fue así. ¡Fue una experiencia muy edificante para mi fe mirar atrás y darme cuenta de que Dios me había pedido que renunciara a una relación que probablemente me habría alejado de otras oportunidades de fortalecer mi fe! No solo necesitaba dejar atrás a Sr. Perfecto, sino también aferrarme a Dios.

¿Alguna vez te ha impulsado Dios a tener una idea que nunca se te habría ocurrido por ti misma? ¿Te ha pedido alguna vez que dejes algo (o a alguien) atrás? A menudo lo hace. Esto fue precisamente lo que les pidió a Abram y su esposa.

**¿Cuáles son tres cosas que Dios le pidió a Abram que dejara atrás en Génesis 12:1, y cómo se traduciría esto para ti?**

| LA VIDA DE ABRAM | TU VIDA |
|---|---|
| Vete de: | Deja atrás: |
| Vete de: | Deja atrás: |
| Vete de: | Deja atrás: |

Hoy día, esto podría traducirse como: *Borra tus cuentas de las redes sociales. Borra todos tus contactos. Renuncia a tu trabajo. Vende tu casa. Ve al aeropuerto y espera instrucciones.*

Mudarse a la otra punta del país, casarse con alguien de otra procedencia o unirse a una iglesia de otra denominación puede ser concebible para ti y para mí, pero no para un habitante de Medio Oriente. Incluso en la actualidad, la familia, la tierra y el culto, como un todo, constituye el núcleo de su identidad, y Dios pidió a Abram y Sarai que lo dejaran todo atrás.

**Piensa en lo que constituye el núcleo de tu identidad. ¿Qué te costaría más dejar atrás y por qué?**

---
---
---
---

**¿Cuándo te ha pedido Dios que dejes algo que creías que definía tu persona?**

_____

_____

_____

**¿Cómo describe Esteban la decisión de Abram en Hechos 7:4 (RVR1960)?**

    Muerto su padre, Dios _____ _____…

**¿Por qué querría Dios sacar a Abram y Sarai de su situación anterior?**

_____

_____

_____

**¿De qué situación querría Dios sacarte a ti, y por qué?**

_____

_____

_____

_____

## VENTANAS DEL NUEVO TESTAMENTO

Mi hija jugaba waterpolo en la escuela secundaria. En un oscuro pasillo bajo el borde de la piscina había una enorme ventana desde la que se podía ver la piscina bajo el agua. Los partidos de polo siempre son emocionantes de ver desde las gradas, pero esa vista de lo que ocurría bajo la superficie revelaba un nuevo nivel de intensidad y lucha. Puede parecer que una nadadora está inmóvil en la superficie, pero debajo está nadando con todas sus fuerzas.

Las historias de fe son así. A menudo hay un esfuerzo de fe bajo el agua que solo Dios conoce. El libro de Génesis nos ofrece una visión "desde las gradas" de lo que les ocurrió a Abram y Sarai, pero varios pasajes del Nuevo Testamento nos ofrecen una "ventana bajo la superficie" de fe para que descubramos no solo lo que hicieron, sino por qué lo hicieron.

**Lee Hebreos 11:8-10 y 13-16 (volveremos a los vv. 11-12 más adelante).**

**¿Qué hicieron Abram y su esposa? Busca los verbos y enumera lo que se podía observar "desde las gradas":**

_____

_____

_____

_____

**¿Cuántas veces se utiliza la palabra *fe*?**

_____

**¿Cómo se describe la fe en Hebreos 11:1? ¿Qué se requiere para mirar desde lejos las cosas prometidas (v. 13)?**

_____

_____

_____

_____

**¿Quiénes eran "todos estos" que se mencionan en Hebreos 11:13? Vuelve a los versículos 8-11 (ya que se refiere a los destinatarios de la promesa).**

| Caín | Abraham | Esaú |
| Sara | Jacob | Isaac |

**¿Qué dejaron atrás (v. 15)? ¿A qué se aferraron (v. 16)?**

**¿Qué retos particulares requirió esto de Sarai como mujer?**

## DEJA ATRÁS LO QUE DIOS TE PIDE QUE DEJES ATRÁS Y AFÉRRATE A ÉL

Dios llama constantemente a su pueblo a dejar la comodidad y salir hacia lo desconocido. Y eso tiene sentido, si tenemos en cuenta que a Dios no le complace lo racionales que somos, sino lo dispuestas que estamos a dejarnos moldear por sus promesas.

Ahora bien, a Dios no le complace la insensatez. Por favor, no te pongas a saltar en medio del tráfico para demostrar que Dios está contigo. En cambio, Dios es glorificado cuando "dejas" atrás cualquier cosa que te pide y te "aferras" fuertemente a Él. Eso es lo que hicieron Abram y Sarai. Cuando murieron aún vivían en tiendas, rodeados de cananeos que seguían actuando como si fueran los dueños del lugar, pero para ellos valió la pena porque creían que Dios les había prometido algo mejor.

## VIVIR CON UN PARÉNTESIS ABIERTO

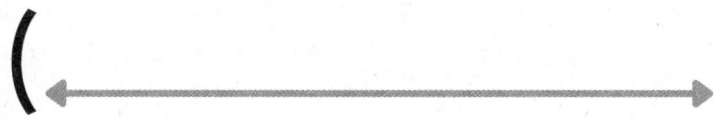

promesa hecha

Al final de la vida de Abram y Sarai, las promesas aún estaban lejos, y eso también puede ser cierto para nosotras. Muchas de las promesas de Dios no se cumplirán durante nuestra vida. ¿Puedes aceptarlo? ¿Te parece bien que las promesas de Dios se extiendan más allá de tu vida?

Sara vivió el resto de su vida como una extraña. Los curiosos probablemente susurraban y señalaban: "¿Ves a esa anciana en la tienda? ¡Qué locura! Lleva allí décadas". Sin embargo, los ojos de Sarai estaban fijos en algo mejor, que manifestaba algo a su Dios.

**Vuelve a leer Hebreos 11:16.**

> **Pero anhelaban una mejor, esto es, celestial; por lo cual Dios no se avergüenza de llamarse Dios de ellos; porque les ha preparado una ciudad.**

> **¿Qué anhelaban? ¿Cómo se describe?**

........................................................................

........................................................................

........................................................................

**Dibuja un círculo alrededor de las palabras "por lo cual" y "porque", que actúan como conectores en este versículo.**

**Subraya dos veces "no se avergüenza" y dibuja una flecha hacia las dos razones (pista: fíjate en las acciones antes del primer conector y después del segundo).**

LECCIÓN 3 | 49

## NO SE AVERGÜENZA

¿Te imaginas oír que Dios no se avergüenza de ti? Dios estaba orgulloso de ser el Dios de Abram y Sarai. ¿Por qué? Fíjate que Dios no dice: "No me avergüenzo de ellos porque me han construido una ciudad". No, Dios es el que construye la ciudad. John Piper señala: "La razón por la que Dios se enorgullece de ser nuestro Dios *no* es porque *nosotros* hayamos hecho algo grande, sino porque Él ha hecho algo grande y nosotros lo *anhelamos*".[5]

¿Comprendes? Abram y Sarai eligieron dejarlo todo atrás y aferrarse a Dios. Creyeron en sus promesas. Creyeron que Dios tenía algo mejor para ellos.

**¿Anhelas "algo mejor" en la vida venidera?**

_____
_____
_____
_____

**¿Qué o a quién te pide Dios que dejes atrás? ¿Cómo podrías aferrarte a Dios como lo "mejor"?**

_____
_____
_____
_____

Amiga, poner tu fe en acción puede implicar dejar atrás una casa, un trabajo o toda una fila de Sr. Perfectos, pero consuélate con esto: Dios ve la fe "bajo la superficie" de tu vida, y está muy orgulloso de ti. Un día te entregará una herencia y te llevará a tu hogar, a tu eterna tierra prometida, que será como el Edén,[6] pero mejor, y mucho mejor que todo lo que has dejado atrás.

**A continuación, escribe tu nombre en los espacios reservados de estos versículos que hablan de la Ciudad-Edén prometida, donde vivirás un día:**

> **Y yo Juan vi la santa ciudad, la nueva Jerusalén, descender del cielo, de Dios, dispuesta como una esposa ataviada para su marido. Y oí una gran voz del cielo que decía: He aquí el tabernáculo de Dios con los hombres, y él morará con ellos; y _____ [será parte de] su pueblo, y Dios mismo estará con _____ como su Dios. Enjugará Dios toda lágrima de los ojos [de] _____; y ya no habrá muerte, ni habrá más llanto, ni clamor, ni dolor; porque las primeras cosas pasaron (Apocalipsis 21:2-4).**

# SEMANA 1 — LECCIÓN 4

## VIVIERON COMO FORASTEROS EN TIENDAS DE CAMPAÑA

Hay unas huellas de manos incrustadas con piedras en el piso de nuestro garaje. Las manos son de niños, pero según la fecha grabada, ahora deben de pertenecer a adultos. A veces, cuando guardo la bicicleta o cuelgo las herramientas del jardín, mis ojos se posan en ese lugar y me imagino el día en que unos padres jóvenes hundieron las manitas de sus pequeños en el cemento fresco. Imagino a los niños hablando sin parar mientras elegían las piedras para usar como decoración y riéndose cuando incluyeron la huella de la pata de su mascota Rocky. Imagino las amplias sonrisas de los adultos que soñaban con la vida que planeaban en la casa que estaban construyendo.

Sin embargo, esos planes se truncaron. Los sueños acabaron con el cartel de "casa a la venta" en frente de la casa. Espero que esta dulce familia haya vivido felizmente en otro lugar, pero las pequeñas huellas dejadas en el cemento duro como una roca presentan un contraste aleccionador. Es natural hundir las manos en el cemento húmedo de este mundo, con la esperanza de hallar estabilidad y seguridad, pero incluso los cimientos más hermosos de este mundo se desmoronan y son temporales.

Un hermoso anillo de boda, símbolo de un matrimonio vacío.
Un cuerpo de aspecto sano, consumido por el cáncer y el dolor.
La imagen de una ecografía, que solo ofrece pena y dolor.
Un armario de ropa llena de polvo, cambiada por batas de hospital.

¿Qué te ha recordado recientemente lo temporal e inestable que es el mundo?

_____

_____

_____

Abram y Sarai dejaron atrás todos los cimientos estables de sus vidas en busca de algo mejor y más permanente.

## "TE MOSTRARÉ"

**Lee Génesis 12:4-9.**

    ¿Qué sabes del séquito de Abram?

_____

_____

_____

    ¿Qué dos cosas edificó Abram, y cómo demostraba eso externamente lo que ocurría en su interior?

_____

_____

_____

**Marca el texto correcto de Génesis 12:1:**

    \_\_\_\_\_ "Pero Jehová había dicho a Abram: Vete de… a la tierra que te mostraré".

    \_\_\_\_\_ "Pero Jehová había dicho a Abram: Vete de… a la tierra que te mostrarán".

**¿Qué hecho asombroso sucedió en el versículo 7, y cómo estaba Dios cumpliendo su promesa de Génesis 12:1?**

_____

_____

_____

_____

Cuando he viajado para dar conferencias en países extranjeros donde no conozco el idioma, es muy reconfortante que alguien me reciba en el aeropuerto en lugar de decirme adónde ir. Cuando Abram llegó a Canaán, Dios se le apareció y salió a su encuentro allí, tal como le había dicho. Tanto si Dios se le apareció también a Sarai como si no lo hizo, debió de resultarle reconfortante saber que estaba pisando la tierra que Dios había prometido a sus descendientes (Génesis 12:7).

El numeroso séquito de Abram y Sarai no pasó desapercibido a su paso por Canaán, y no se callaron las razones por las que estaban allí. Abram construyó altares e invocó el nombre de Dios (Génesis 12:8), lo que significaba que exaltó públicamente a Dios,[7] y declaró: "¡Aquí se adorará a Dios!".

## LA TIERRA DONDE SE ESTABLECIERON

Seguramente, te habrás dado cuenta de que la tierra prometida ocupa un lugar destacado en la historia de Abram y Sarai, pero ¿por qué? ¿Por qué el traslado? ¿No podía Dios haber hecho de ellos una gran nación en Harán?

**¿Cuál es tu primera impresión?**

_____

_____

_____

Nancy Guthrie señala: "La Biblia es la historia de Dios obrando para cumplir su plan de habitar junto con su pueblo".[8] La historia comienza en Génesis y termina en Apocalipsis, donde Dios habita entre su pueblo e incluso camina con él.

Imaginemos el sol del atardecer que proyecta las sombras de las ramas sobre los senderos del huerto del Edén, mientras Adán y Eva pasean con Dios al fresco del día (Génesis 3:8). Siente la afianzada satisfacción de la comunión, la paz, el crecimiento y el sentido de pertenencia que se encierran en la palabra hebrea *shalom*.

Cuando Adán y Eva traicionaron a Dios, perdieron el acceso tanto a Dios como al huerto. La persona y el lugar están indisolublemente ligados a la historia central de la Biblia. La Biblia es la historia en la que Dios restablece su presencia con su pueblo en ese lugar lleno de *shalom* llamado cielo.

**Considera cómo salir de un lugar forma parte de estas dos historias y selecciona las palabras que mejor caracterizan a cada una de ellas:**

|  | **ADÁN Y EVA SALEN DEL EDÉN (Génesis 3:14-24)** | **ABRAM Y SARAI SALEN DE HARÁN (Hebreos 11:8-10, 13-16)** |
|---|---|---|
| ¿Por obediencia o desobediencia? | | |
| ¿Con esperanza o con pesar? | | |
| ¿Recibieron o perdieron? | | |
| ¿Por coerción o por propia voluntad? | | |
| ¿Se acercaron o se alejaron del lugar mejor? | | |

## DIVORCIADOS DEL EDÉN

**Génesis 3:24 (NBLA) dice que Dios:**

"_____, pues, al hombre".

La palabra hebrea aquí también se usa a menudo para referirse al "divorcio".

**Puesto que a menudo Dios utiliza el matrimonio para describir su relación con su pueblo, ¿cómo demuestra esta palabra la pérdida tanto de la persona como del lugar?**

---
---
---
---

**¿A qué más limita Dios su acceso en Génesis 3:24? ¿Por qué?**

---
---
---
---

**En Cristo, estás siendo restaurada a la persona y lugar de Dios. ¿Esperas una cosa más que la otra? Si es así, ¿por qué?**

---
---
---
---

## SEPARACIÓN Y RECONCILIACIÓN

Si quieres saber lo esencial que es la tierra prometida en la historia del pueblo de Dios, imagina a un marido y su mujer que se han separado porque la esposa le fue infiel. El marido se sube a un avión y vuela al otro extremo del país para ir a buscarla y tratar de reconciliarse con ella. El corazón de la mujer se derrite. Deciden restaurar su matrimonio hasta que la burbuja de felicidad estalla cuando surge el tema de dónde vivir. La esposa no quiere abandonar su nueva vida. Sugiere que sigan casados, pero que vivan separados.

Incluso mientras describo la situación, puedes intuir lo decepcionante que sería la historia.

Felizmente, a Dios no le interesan las relaciones a distancia. Desde Génesis hasta Apocalipsis, vemos que Dios nos busca (a los infieles) y elabora un plan para restaurarnos a Él mismo, no solo en lo relacional, sino también en lo físico. ¡Le gusta estar con nosotros! Incluso cuando Dios separó a Adán y Eva de su presencia, no fue porque ya no quería habitar con su pueblo. Y ahora presta atención a lo que vemos cuando Abram llega a Canaán, al encino de More* (Génesis 12:6): Dios aparece. Está de nuevo caminando entre los árboles mientras hace planes para habitar con su pueblo y dice: "A tu descendencia daré esta tierra" (Génesis 12:7). ¿No te llena de esperanza? ¿No te hace vislumbrar el Edén y el sabor del *shalom*? Nuestro Dios ha puesto en marcha un plan para volver a "convertir el mundo en un Edén". Parte de pertenecer a Dios es esperar este lugar mejor que nos está preparando.

> *El encino de More era probablemente un santuario situado en un bosque de robles donde la gente creía que los árboles gigantes daban evidencia del poder de reproducción. Pensaban que podían adorar allí y volverse fértiles.[9] Charles Swindoll señala que, en efecto, Dios estaba diciendo: "Este pueblo viene aquí a adorar a dioses que no existen, y se aferran a la esperanza supersticiosa de volverse fértiles. Confía en mí, Abram, y tu descendencia llegará a ser una nación poderosa".[10]

## LAS ESTACAS DE LA TIENDA

**Vuelve a leer Hebreos 11:8-10 y 13-16.**

**¿Qué paralelismos ves entre la experiencia de Abram y Sarai y la vida de un creyente hoy?**

En qué vivían (v. 9)

_____

_____

Lo que decían de sí mismos y qué daban a entender con eso (vv. 13-14)

_____

_____

_____

Lo que no hicieron para sentirse "en casa" (v. 15)

_____

_____

_____

Qué cosa mejor anhelaban (v. 16) y qué tenía de diferente (v. 10)

_____

_____

**¿Cómo te recuerda la descripción del versículo 10 al hogar de Adán y Eva?**

_____

_____

_____

No soy una campista. (¡Ni por casualidad!). Tampoco soy alguien que se dedique a la construcción, pero hasta yo sé que es mejor construir una casa sobre cimientos y montar una tienda sobre arena donde se puede clavar una estaca.

Las tiendas son temporales; se pueden levantar y trasladar. La Biblia señala el detalle de que Abram y su esposa llegaron a la tierra prometida, pero nunca se asentaron realmente en ella. De hecho, la única tierra que compró Abram fue la parcela para la sepultura de Sarai (Génesis 23:20). Vivieron como "forasteros" en tiendas porque creían que Dios tenía algo mejor para ellos. ¿Y qué era ese "algo mejor"? Esperaríamos que el versículo dijera: "No podían esperar para ver días mejores, cuando fueran dueños de la tierra como Dios les había prometido". En cambio, dice que esperaban un lugar totalmente diferente.[11]

Desde la primera vez que Sarai movió los dedos de los pies en la arena de su campamento en Canaán, hasta la última vez que contempló las estrellas que titilaban sobre su tienda, no hubo ninguna prueba de que Dios les diera esta tierra prometida. Sin embargo, Sarai (junto con su marido y sus hijos) "conforme a la fe murieron" (Hebreos 11:13). Eligieron construir sus vidas sobre un fundamento inamovible: la patria eterna celestial.

Amiga, Dios no te ha prometido una familia del tamaño de una nación ni tierras en Medio Oriente. Esas promesas fueron exclusivas para Abram. ¿Pero la promesa de un hogar mejor en el cielo? Esa es la promesa que crea los cimientos de tu futuro.

**¿Qué dice 1 Pedro 2:11 que debemos tener en común con Sarai?**

--------------------------------------------------------------

--------------------------------------------------------------

**¿Qué palabra de aliento nos da 2 Corintios 4:17-18?**

--------------------------------------------------------------

--------------------------------------------------------------

**Lee Efesios 2:18-20. ¿A quién tenemos acceso? ¿Sobre qué debemos construir nuestra vida?**

_____

_____

_____

_____

_____

## LA MAYOR MUESTRA DE FIDELIDAD DE DIOS

¿Recuerdas a Heather Cofer, cuya historia relaté anteriormente? Heather me contó acerca de una experiencia médica aún más catastrófica que la familia de su esposo (que también sirvieron como misioneros en Mongolia) experimentó.[12]

Mickey y Trina Cofer recibían cada semana a un pequeño grupo de aldeanos mongoles, a quienes enseñaban las historias del Antiguo Testamento. Mickey había anunciado que la semana siguiente hablaría del Libertador prometido que salva del pecado y de la muerte. Pero esa semana, el caballo de su hijo Jonah se asustó por los ladridos de un perro mientras Jonah lo montaba. El caballo se encabritó y tiró a Jonah, pero el pie del muchaho quedó atrapado en el estribo. El asustado caballo empezó a correr enloquecido, cabalgando, pateando y arrastrando a Jonah casi cien metros antes que el estribo se rompiera y liberara el cuerpo malherido de Jonah.

Cuando Trina llegó a la cama de su hijo en el hospital local, lo que vio le rompió el corazón. Más tarde supieron que uno de los médicos había dicho: "Si ese niño vive, su Dios es el Dios verdadero".

Mientras trasladaban a su familia a un hospital más grande, Trina cantó en voz baja "Grande es tu fidelidad". Después de cuarenta agotadoras horas tras el accidente, llegaron a Corea, donde Jonah recibió cuidados constantes durante las dos semanas que permaneció en coma. Entonces, sorprendentemente, ¡Jonah despertó! Se decidió que Trina se llevaría a Jonah de vuelta a los Estados Unidos para que recibiera terapia ocupacional, y Mickey regresaría con los otros niños a Mongolia para continuar con su ministerio.

Todo el pueblo estaba asombrado de que los Cofer volvieran al lugar donde su hijo había sido tan malherido. Ese primer domingo después de su regreso, cuando Mickey predicó el evangelio, veintiuna personas creyeron y decidieron seguir a Cristo. Las personas se bautizaron y se estableció la iglesia.

## PON TUS OJOS EN LO ETERNO

Si Trina y Mickey buscaran seguridad en el mundo, habrían regresado a casa para siempre. Hasta los mongoles lo sabían, pero no solo se mudaron a un país extranjero, sino que además se quedaron allí. Incluso después que les ocurriera algo trágico, se quedaron y fijaron su mirada en lo eterno.

A menudo nos centramos en construir cimientos seguros en el aquí y ahora, pero en esta vida, realmente no tenemos muchas promesas tangibles de Dios. Algunas madres (como Trina) atraviesan tragedias y recuperan a sus hijos, pero hay otras que no. Cuando esto sucede, ¿significa que Dios ha sido menos fiel?

Cuando tienes el corazón destrozado por algo terrible o cuando Dios no te concede el resultado que le ruegas, es fácil confundirlo con falta de cuidado o infidelidad hacia ti. Sin embargo, en momentos así, debes recordar que aún vives en tu tienda. Se acerca el día en que descenderá del cielo una nueva Ciudad-Edén con cimientos inconmovibles (Apocalipsis 21:2) y Dios establecerá su hogar en la nueva tierra, un lugar no solo eterno sino tangiblemente real. Allí, Dios caminará contigo entre los árboles. Te devolverá lo que has perdido, ya sean hijos, casa o tierra (Mateo 19:29). ==Solo en esa patria mejor sabrás cuán fiel ha sido tu Dios.==

**¿Qué experiencia ha resultado la más decepcionante para tus esperanzas o expectativas de futuro? ¿Cómo te ha ayudado a fijar tu mirada en lo eterno?**

_____
_____
_____

**Lee acerca de la visión de Juan sobre la Ciudad-Edén en Apocalipsis 21:1-4. Reformula lo que dice la voz del cielo como si Dios hablara en primera persona, por ejemplo: "Yo moraré…":**

_____
_____
_____

**¿Cómo puedes responder a esto con fe, como hicieron Abram y Sarai?**

_____
_____
_____

**¿Qué doce cosas dice Apocalipsis 21:14a que habrá, y qué significa esto para ti?**

_____
_____
_____

Fe es creer a Dios cuando te promete una patria con cimientos que nunca se desmoronarán. Mientras lees la paráfrasis del pasaje bíblico que sigue a continuación, inserta tu nombre e imagínate que estás hundiendo la huella de tu mano en el cemento fresco y dejando la primera huella en tu morada celestial donde tienes un futuro seguro.

En este texto, escribe tu nombre en cada espacio en blanco:

[Dirá] _____ a Jehová: Esperanza mía, y castillo mío; mi Dios, en quien confiaré... Porque _____ [ha] puesto a Jehová, que es [su] esperanza, al Altísimo por [su] habitación, a _____ no [le] sobrevendrá mal, ni plaga tocará [la morada de _____ ]

(Salmos 91:2, 9-10).

# SEMANA 1 — LECCIÓN 5

## CONSIDERA LA FIDELIDAD DE DIOS

Sarai vivió toda su vida condicionada por una serie de promesas que nunca vio hacerse realidad. Y, sin embargo, aquí está el versículo que constituye el tema de este estudio:

> Sara... consideró fiel al que le había hecho la promesa (Hebreos 11:11, NVI).

¿Quién hizo las promesas? Dios. ¿Quién cumplió las promesas? Dios. Al final, cuando Sarai miró hacia atrás y vio que Dios le había hecho sus promesas (cuando pensó detenidamente y meditó en todo lo que sabía de Él), lo consideró fiel.

Nosotros creemos que Dios es fiel de la misma manera. Recopilamos información sobre lo que ha sucedido en ese extenso tramo entre paréntesis. Recuerda que la fidelidad solo se demuestra con el tiempo. Y nosotros tenemos la ventaja de experimentar la fidelidad de Dios, no solo en nuestras propias líneas temporales, sino en cómo se extiende a lo largo de los siglos de la historia de Dios con su pueblo.

## RESUME, REFLEXIONA, REPASA

En cada semana de nuestro estudio, la lección 5 te ofrecerá la oportunidad de realizar acciones concretas:

*RESUME:* Dios no nos dio un libro de teología; nos dio historias. En esta sección, resumirás parte de la historia de Sarai, especialmente a través de sus ojos. Piensa en cada historia como si fuera una bolsa de terciopelo, llena de joyas sobre Dios y sus promesas. La historia es lo que mantiene el hilo conductor. Así que, al final de este estudio, tendrás seis bolsas de terciopelo alineadas en un estante de tu mente, listas para que tomes cada una y la des a conocer a los demás.

*REFLEXIONA:* No solo queremos conocer la historia de Sarai, sino también que nos moldee. En esta sección, te pediré que reflexiones sobre lo que Dios te mostró en las cuatro lecciones anteriores y luego te invitaré a responder.

*REPASA:* En esta sección, te pediré que selecciones una promesa de Dios y que respondas como Sarai que "consideró fiel al que le había hecho la promesa" (Hebreos 11:11, NVI).

¿Lista para intentarlo?

### *RESUME*

Resume la historia del momento cuando Dios llama a Abram y Sarai a la tierra prometida. Lee Génesis 12:1-7; Hebreos 11:8-10, 13-16 y anota todas las cosas que Dios dice que hará.

----

----

----

----

**Dejar atrás lo que Dios pide y aferrarse a Él/Salir sin saber a dónde**

---
---
---

**Una prueba**

---
---
---

**Vivir en tiendas, buscar una patria**

---
---
---

## *REFLEXIONA*

Repasa algunos puntos clave de la semana y reflexiona sobre cómo Dios te invita a responder.

Cuando Dios dijo a Abram y Sarai que se trasladaran a Canaán, no solo obedecieron, sino que además permanecieron allí. No solo se fueron de su tierra, sino que no volvieron a ella. Practicaron la fe no solo con la cabeza, sino también con los pies.

**La fe es salir sin saber adónde. ¿En qué te pide Dios que pongas tu fe en acción? ¿En qué te pide ir hacia lo desconocido?**

---
---
---

**La fe es dejar atrás lo que Dios nos pide que dejemos atrás y aferrarnos a Él. ¿Qué te está pidiendo Dios que dejes atrás?**

**¿En qué te está pidiendo Dios que, por fe, permanezcas donde estás y no vuelvas atrás?**

Incluso con la tierra prometida a la vista, los israelitas del desierto querían ignorar a Dios y volver atrás. Sin embargo, aunque Dios los llamó "infieles", seguían siendo el pueblo de la promesa. ¿Por qué? Porque Dios es fiel.

**¿En qué has sido tú una de los "infieles"? ¿Cómo te sorprende la inquebrantable fidelidad de Dios?**

**¿Has ignorado a Dios en tiempos de temor o prueba? ¿De qué te pide Él que te arrepientas?**

Las promesas de Dios sientan las bases de tu futuro. Si tu mundo se está desmoronando, no pienses que Dios no ha sido fiel contigo. Recuerda: ¡Todavía vives en tu tienda, que es temporal! Solo en esa Ciudad-Edén llena de *shalom*, que es eterna y tangible, sabrás cuán fiel ha sido Dios.

¿Qué cosas has perdido? ¿Están en la lista de Mateo 19:29? ¿Qué cosas reales y tangibles crees que Dios te restaurará en el cielo?

---
---
---
---

¿Qué "cimientos que se desmoronan" has experimentado en la vida? ¿Cómo puedes hacer que las promesas de Dios sobre el cielo sean el fundamento de tu futuro?

---
---
---
---

## *REPASA*

La historia de la Biblia comienza con Dios que habita con su pueblo y termina con Dios que habita con su pueblo. Esta es la parte de la historia en la que Dios empieza a revelar su plan para reedificar el mundo, y todo comienza con una serie de promesas a una familia concreta a la que Dios decide bendecir.

**En esta parte de la historia de Sarai, ¿qué has aprendido sobre el Dios que dice "te bendeciré" y que hace y cumple sus promesas?**

---
---
---
---

¿Te dejarás moldear por las promesas de Dios? Elige una promesa significativa de la página 289, junto con un versículo para memorizar. Escríbelos a continuación.

**SEMANA 2**

# Traición y rescate

# SEMANA 2  LECCIÓN 1

# Traición y rescate

## DI QUE ERES MI HERMANA

Llamé a mi madre después de ir al supermercado durante la pandemia de COVID-19 y le dije: "¡Las estanterías estaban completamente vacías! ¡Parecía tan extraño!". Quizás, como yo, nunca habías visto un supermercado con las estanterías vacías o escasez de artículos cotidianos como papel higiénico o levadura. Y, a pesar de ello, superé una pandemia mundial sin perderme ni una comida, lo que significa que no he estado ni de cerca a lo que Abram y su esposa tuvieron que enfrentar en esta parte de su historia.

**Abram y su esposa se encontraron con dos hechos sorprendentes cuando llegaron a la tierra prometida.**

    1. ¿Qué había en Canaán (Génesis 12:6)?

_____

_____

    2. ¿Qué no había en Canaán (Génesis 12:10)?

_____

_____

**Si te enfrentaras a una emergencia de escasez, enumera los lugares o personas a los que podrías acudir en busca de ayuda. Encierra en un círculo cualquiera de los que crees que podrían haber estado a disposición de Abram y su esposa, mientras vivían en Canaán.**

_____

_____

_____

**¿Cuál era el plan de Abram (Génesis 12:10)?**

_____

_____

_____

**Marca el movimiento señalado en el versículo 10 en el mapa de la página 18.**

Abram y su esposa han levantado su tienda en la tierra prometida, pero el "autobús de la bendición" no solo no ha llegado, sino que parece alejarse cada vez más.

¿Por qué Dios los enviaría a un lugar que atraviesa una sequía? Son extraños allí, sin amigos. Forasteros sin derechos. Pastores sin agua. Dado que las promesas parecen marchitarse en lugar de materializarse, Abram y su esposa levantan las estacas de su tienda en un país extranjero y se dirigen al siguiente.

## CRUZAN A EGIPTO

Algunas personas critican a cualquier personaje de la Biblia que se dirige a Egipto, sin embargo, basta con echar un vistazo a un mapa del delta del río Nilo para ver que Egipto era la elección obvia durante una sequía. Además, dado que Dios dijo a José y María que huyeran y llevaran al niño Jesús a Egipto (Mateo 2:13), parece que *a veces* era la elección correcta. No estoy segura de que debamos criticar a Abram por llevar a su gente a Egipto. *Sí* creo que deberíamos pensar críticamente sobre su plan de cruzar la frontera.

Hasta que no visité Egipto hace unos años no me di cuenta de que las pirámides se construyeron unos quinientos años antes de la llegada de Abram y su gente.[1] (Tal vez quieras dibujar algunas pirámides en el mapa). Los historiadores siguen desconcertados sobre cómo se construyeron. A mi marido le desconcertaba cómo pensaba el faraón que escaparía de su sarcófago en la otra vida. Una cosa es segura: esas pirámides son impresionantes. Mientras Abram viajaba con su sediento séquito de personas y animales a Egipto, es probable que les resultara bastante intimidante.

Ahora bien, cuando un autor (en este caso, Moisés) utiliza el diálogo, debemos prestar mucha atención, porque "de la abundancia del corazón habla la boca" (Lucas 6:45). Las palabras de Abram nos dan una idea de lo que ha estado cavilando:

> **11Y aconteció que cuando estaba para entrar en Egipto, dijo a Sarai su mujer: He aquí, ahora conozco que eres mujer de hermoso aspecto; 12y cuando te vean los egipcios, dirán: Su mujer es; y me matarán a <u>mí</u>, y a <u>ti</u> te reservarán la vida. 13Ahora, pues, di que eres mi hermana, para que <u>me</u> vaya bien por causa <u>tuya</u>, y viva <u>mi</u> alma por causa de <u>ti</u> (Génesis 12:11-13).**

En los versículos anteriores:

- **Dibuja un círculo alrededor de la palabra "cuando" (dos veces), de la descripción de Saraí y de los verbos en futuro que terminan en "-án".**

- **Encima de cada palabra subrayada escribe a quién se refiere cada una.**

**¿Qué predice Abram que sucederá y en qué se basa su predicción?**

**¿Cuál es el plan de Abram y de qué manera indica fe o no?**

**¿En qué se contradice el versículo 12 con alguna de las promesas de Dios en Génesis 12:2-3?**

Abram sabe dos cosas: sabe que Sarai es hermosa y sabe cómo son las personas. Las personas son codiciosas y egoístas, y matarían a un hombre, solo para quedarse con su esposa. Sin embargo, fíjate en la ironía:

**¿A quién quiere Abram que le vaya bien (v. 13)?**

**¿La seguridad de quién está en peligro? (Adelántate al versículo 15).**

¿Cómo deben tratar los maridos a sus mujeres según los versículos siguientes?

Efesios 5:25 _____

_____

1 Pedro 3:7 _____

_____

## "ELLA ES MI HERMANA"

Abram entra en Egipto como un extranjero rico en busca de asilo, y sabe que su estancia allí no será gratuita. Sin embargo, le preocupa que lo primero que quieran sea a su mujer, de una belleza inusual, y Abram no se equivoca.

Si te estás preguntando por qué Sarai aceptó actuar como hermana de Abram, piénsalo otra vez. Sin la protección de Abram, quedaría indefensa ante *cualquiera* que quisiera tomarla. Sarai necesitaba a Abram. Y él estaba diciendo que necesitaba que *ella* mintiera y le siguiera el juego.

Suena un poco a chantaje emocional y no parece un plan noble, pero puede que no sea tan egoísta de parte de Abram como parece a primera vista.

**Lee Génesis 29:18-20 sobre Jacob (nieto de Abram y Sarai). Anota los detalles implícitos que encuentres sobre el trueque de novias:**

_____

_____

_____

El trueque de novias era habitual en esta parte del mundo. Y, como acabamos de leer, las negociaciones podían durar años, igual que las hambrunas. Con eso en mente, es posible que Abram estuviera tratando de ganar tiempo.[2] Había ideado astutamente una manera de que los pretendientes fueran *a* él, y no *por* él, para llegar a Sarai. Tal vez un egipcio diría: "Te daré cinco camellos por tu hermana". Y Abram podría responderle: "¿Crees que es una mujer que vale cinco camellos? Mírala. Ella vale por lo menos diez".

Sin embargo, esto es lo que Abram no tuvo en cuenta: el faraón no hace trueques; solo toma lo que quiere. Lo veremos en la próxima lección.

## AMENAZAS O TEOLOGÍA

Por ahora, consideremos lo que Abram pensaba de camino a Egipto, porque nosotras también debemos considerar lo que estamos pensando.

**¿En qué pensaba más Abram?**

        **Las amenazas**                  **Su teología**

**¿Se está dejando Abram moldear por las promesas de Dios? ¿Por qué sí o por qué no?**

_____

_____

_____

No está mal protegernos de las amenazas. No está mal hacer *planes* para cuidarnos de las amenazas. Pero si queremos dejarnos moldear por las promesas de Dios, no podemos pensar solo en las amenazas y olvidarnos por completo de nuestra teología.

Teología, por cierto, no es más que una palabra elegante para referirnos al estudio de Dios. En ese momento, Abram sinceramente no sabe mucho acerca de Dios. Abram no puede abrir la Biblia como tú. No puede repasar, como nosotras, las promesas que Dios ha hecho y ha cumplido. En ese momento, solo tiene promesas y ningún cumplimiento.

Ahora bien, piensa en los israelitas en el desierto cuando escucharon la historia de Abram y Sarai. Los israelitas saben cómo van a salir las cosas. Son la prueba viviente de la fidelidad de Dios. El hecho de que sean una nación libre significa que Dios cumplió su promesa de proteger a Abram y Sarai de sus enemigos (Génesis 12:3) y de hacer de su familia de dos integrantes una gran nación (Génesis 12:2).

**Desde el punto de vista de los israelitas en el desierto, ¿cuáles de los temores de Abram en Egipto (enumerados a continuación) no tienen ninguna lógica y por qué?**

- ☐ Abram teme morir de hambre a causa de una hambruna severa.
- ☐ Abram teme que los egipcios lo traten con desprecio.
- ☐ Abram teme ser asesinado.

Para dejarnos moldear por las promesas de Dios, partimos de lo que sabemos de Dios y consideramos lo que ha prometido. Luego sacamos conclusiones lógicas y actuamos en consecuencia.

## ¿POR FE O POR TEMOR?

Insisto, Abram no llevaba una Biblia bajo el brazo cuando entró en Egipto y pasó por delante de esas intimidantes pirámides. Estaba empezando a aprender cómo es Dios, así que podemos sentir empatía cuando las palabras de Abram revelan lo que estaba pensando. Abram no estaba recordando las promesas de Dios ni reflexionando sobre cómo era Dios el día en que se le apareció (Génesis 12:7). Abram estaba pensando en cómo son las personas. Estaba preocupado por lo que podrían hacer esos despiadados egipcios. Abram pudo haber invocado el nombre de Dios y caminado por fe en Canaán, pero al entrar en Egipto, se dejó llevar por el temor. Es natural dejarse llevar por las amenazas. Sin embargo, es sobrenatural dejarse llevar por la teología.

Tal vez, como Abram, has estado haciendo lo que es natural en este peligroso mundo lleno de personas egoístas: has estado completamente preocupada por las amenazas. Sin embargo, armada con una Biblia completa que te dice cómo es Dios, tienes la opción de caminar por fe, no por temor. Para empezar, debes considerar lo que estás pensando. ¿Te fijarás en cómo es la gente o en cómo es Dios? Cada nueva amenaza te ofrece una nueva oportunidad de afianzar tu corazón con tu teología. Tomémonos un momento y practiquemos.

| VIVIR CON MIEDO | VIVIR CON FE |
|---|---|
| Enumera las amenazas en las que piensas habitualmente, ya sean globales, locales o personales. ¿Qué te da miedo de cómo son las personas? | Enumera lo que sepas sobre el carácter o las promesas de Dios en respuesta a cada amenaza. (Ve a la página 289 si necesitas ayuda). ¿Cómo te tranquiliza pensar en cómo es Dios? |
|  |  |
|  |  |
|  |  |

Recuerda esto:

Es natural decir: "Sé cómo son las personas".
Es sobrenatural decir: "Sé cómo es Dios".
¿Cuál permitirás que ocupe tus pensamientos hoy?

# SEMANA 2  LECCIÓN 2

## SE LA LLEVARON

Al comienzo de nuestro matrimonio, Ken y yo caminábamos hacia el estacionamiento después de ir a la iglesia un día frío e invernal. El pavimento estaba helado, soplaba el viento y Ken estaba concentrado en llegar al auto lo antes posible. Yo no llevaba el calzado adecuado e intentaba no resbalar al bajar los escalones, así que iba unos diez pasos por detrás de Ken y me sentía bastante abandonada.

Fue entonces cuando nuestro pastor se dio cuenta de la situación mientras conducía por el estacionamiento y le dio un sabio consejo a mi reciente marido: "¡Vamos, hombre! Ve a ayudar a tu mujer". El hecho de que todavía pueda recordarlo veinticinco años después habla de lo justificada que me sentí en ese momento. (Gracias, pastor Chip). No obstante, Ken parece un completo caballero comparado con el marido de Sarai en esta historia.

**Lee Génesis 12:11-15.**

**¿Qué demostró que la preocupación de Abram era válida?**

_____
_____
_____

**¿Qué ocurrió que Abram no esperaba?**

_____
_____
_____

¿Cómo puso Abram en peligro cada uno de los siguientes aspectos?

Sarai _____

_____

Su matrimonio _____

_____

El plan de Dios de bendecirlos _____

_____

_____

Sarai guarda silencio en este momento de la historia. ¿Qué podría estar pensando o sintiendo?

_____

_____

_____

¿Qué edad tiene Sarai en este momento? Consulta la línea de tiempo de la página 17.

_____

## LA NUEVA ESPOSA DEL FARAÓN

Permítete sentir el peso de esta palabra en tu interior:

Y _____ _____ la mujer (Génesis 12:15, RVR1960).

**Encierra en un círculo la referencia a Sarai en este versículo. Se ha convertido en una mujer sin nombre y soltera en un país extranjero, que ahora pertenece al hombre más poderoso.**

Podrías preguntarte cómo es posible que, a esta edad, Sarai corra el riesgo de ser víctima de tráfico humano (lo que básicamente es). Abram y Sarai vivieron aproximadamente el doble que las personas de hoy día, así que quizás envejecieron a la mitad del ritmo.³ En todo caso, Abram sabía que su esposa era hermosa. Le preocupaba que eso le causara problemas, y así fue.

En la lección anterior, vimos que Abram posiblemente contaba con la costumbre del trueque de la novia para ganar algo de tiempo. Sin embargo, el faraón no hizo ningún trueque. El faraón simplemente se la llevó. Echa otro vistazo a los detalles del lapso de tiempo que se nos dan a conocer:

**¿Quiénes ven a Sarai en Génesis 12:14?**

**¿Quiénes hablan de Sarai en Génesis 12:15? ¿Con quién hablan?**

**¿Qué ocurrió después (v. 15)?**

**¿Cuánto tiempo crees que pasó entre estos dos momentos?**

No tengo respuesta para esta última pregunta, pero esto es lo que me hubiera gustado que Abram hiciera en ese momento después que los príncipes del faraón se fueran. Me hubiera gustado que se convirtiera en un héroe, que dejara de actuar como si Sarai fuera su hermana y que dijera: "Cariño, pase lo que pase, no voy a dejar que te lleven". En cambio, Abram se aferró cobardemente a su plan, lo que puso a su esposa en una situación moralmente comprometida. En lugar de proteger la pureza y el honor de Sarai, Abram se protegió a sí mismo. Eligió actuar por temor, no por fe.

El temor y la fe van en direcciones opuestas; no se puede caminar en ambas direcciones a la vez. Cuando los príncipes del faraón regresaron para llevarse a "la mujer", Abram guardó silencio. Temeroso, dejó que se llevaran a Sarai.

Amiga, si esto te entristece y te pone mal, creo que has comprendido bien la escena.

**Lee Efesios 5:25-33.**

**¿A quién deben imitar los maridos y cómo?**

 

**¿Cuál es la prioridad de Cristo para su esposa, la iglesia, en el versículo 26? ¿De qué manera ignoró Abram esta prioridad con Sarai?**

 

**¿En qué sentido es el matrimonio una metáfora de algo más (vv. 25, 32)?**

## LA METÁFORA DEL MATRIMONIO

El deber del marido de proteger a su esposa está integrado en el núcleo de la historia bíblica. Cuando Dios forma a Eva para Adán en Génesis 2, el matrimonio en sí se presenta como un regalo valioso. El matrimonio es real, pero desde el principio, Dios quiso que el matrimonio fuera también una metáfora que representara algo aún más valioso.

Piensa en un anillo de boda. Si mi marido cambiara su anillo por unos guantes cuando hace frío, no solo mostraría una falta de respeto por el anillo al tratarlo como una baratija, sino que también mostraría una falta de respeto por mí. ¿Ves cómo el anillo representa algo más?

El matrimonio es igual. El matrimonio está destinado a arrojar luz sobre el punto culminante de toda la Biblia: el momento en que Cristo entregó su vida por su Esposa. En un mundo sin matrimonio, ¿cómo podríamos comprender la importancia de ese momento? ==El matrimonio, con la imagen de un hombre que da la vida por su esposa, es precioso para la historia de la Biblia.== Y la imagen se desdibuja cuando un marido se protege a sí mismo y pone en peligro a su esposa.

Lo vemos en la falta de fe de Abram.

**¿Has conocido a algún marido o padre protector y abnegado? ¿Ha contribuido la fe a su carácter?**

_____

_____

_____

_____

**¿Has conocido a hombres egoístas que ponen en peligro a sus esposas e hijas? ¿Ha contribuido el temor a su carácter?**

_____

_____

## EN LA RIQUEZA Y EN LA POBREZA

Me gustan las historias en las que el bueno recibe una recompensa y el malo recibe su merecido. Por eso, la siguiente parte de nuestra historia es tan desconcertante. Mientras Sarai está retenida en el harén del faraón, desprotegida por Abram o por el hecho de que ya estaba casada, observa lo que le sucedió a Abram.

**Lee Génesis 12:16.**

**¿A quién trataron bien y a causa de quién?**

_____

_____

_____

**Enumera los regalos:**

_____

_____

_____

**¿Se te ocurre algún ejemplo actual en el que una persona se beneficie del secuestro de otra?**

_____

_____

_____

**Llena los espacios en blanco:**

[Sarai] era hermosa _____ _____ _____ (Génesis 12:14, RVR1960).

Abram era _____ ... (Génesis 13:2, RVR1960).

**Repasa estos detalles de la semana 1:**

¿Quién dijo "te bendeciré"?

_____

¿Quién "caminó por el pasillo entre las piezas de animales cortados" y qué significaba eso?

_____

_____

_____

¿Qué promesa está cumpliendo Dios con el enriquecimiento de Abram? (Ver Génesis 12:2).

_____

_____

_____

Esto es difícil para mí. No tengo ningún problema con que Abram se enriquezca, sobre todo porque Dios se lo prometió (Génesis 12:2). ¿Pero que se enriquezca después de haber puesto en peligro a su mujer para salvarse a sí mismo? *Eso* no tiene sentido. El momento no me parece oportuno, y mi disgusto revela algo sobre mi teología o entendimiento de Dios.

Quiero que Dios bendiga y honre a las personas que hacen lo correcto. Sin embargo, la Biblia no es una historia sobre personas que reciben de Dios lo que se merecen. Es una historia sobre personas que reciben lo que *no* se merecen. Por ejemplo: Abram. Cuando leo que se enriquece a expensas de Sarai, deseo desesperadamente catalogar a Abram como "ese pecador" como si yo fuera una persona "justa", ¡no lo soy!, por eso la lección de teología de esta historia es una muy buena noticia.

Dios no cumple sus promesas por la fidelidad de Abram; Dios cumple sus promesas porque *Él* es fiel. Esta es una de las verdades más importantes y contrarias a toda lógica que se proclaman en esta historia y en la historia global de la Biblia. Al igual que con Abram, Dios no nos bendice porque seamos fieles y buenos; Dios nos bendice porque *Él* es fiel y bueno.

**¿Te mereces las bendiciones de Dios? ¿Por qué sí o por qué no?**

**¿Qué dice Romanos 3:10-12 al respecto?**

**¿De qué manera esta historia sobre Abram es un ejemplo de 2 Timoteo 2:13?**

## FUERA DE SU CONTROL

De modo que Dios está siendo fiel a Abram, pero ¿qué pasa con Sarai? Ella no tiene control sobre esta situación. No puede controlar la hambruna. No puede controlar a Abram. No puede controlar al faraón. No puede controlar el resultado. ¿Puedes imaginar el miedo aplastante, la inseguridad y la vergüenza (inmerecida) con la que probablemente está lidiando?

Tal vez te sientes identificada. ¿Hay alguien que debería haberte protegido y no lo hizo? Peor aún, ¿esa persona está prosperando mientras tú sufres? Tal vez tu madre hizo la vista gorda ante los abusos que has sufrido. Tu padre se quedó callado después que un familiar hiciera lo impensable. Tu iglesia o tu jefe no creyeron tu historia.

Amiga, si has soportado algo así, ¿puedo susurrar algo a tu alma? El abuso es algo terrible. La pasividad que resulta de intereres propios es malvada. Y si estás superando una situación pasada o presente que te ha resultado personalmente difícil y dolorosa, espero que aproveches todas las medidas de protección, seguridad y apoyo que estén a tu alcance. Sin embargo, tratar de tomar, tener y mantener el control (por muy prometedor que parezca) finalmente no te satisfará. ==Aferrarte al control con los puños bien cerrados no te traerá la paz y la seguridad que anhelas; solo Dios puede hacerlo.==

Cuando nos vemos obligadas a reconocer que no tenemos el control, estamos en condiciones de darnos cuenta de que Dios *sí* lo tiene. A medida que se desarrolla la historia, veremos que Dios nunca olvidó ni abandonó a Sarai; pero no nos adelantemos. Acompañemos a Sarai en estos meses en los que Dios le permitió enfrentarse a la discrepancia entre las promesas que le había hecho y la situación en la que se encontraba. Desde la perspectiva de Sarai, el cierre del paréntesis no estaba a la vista.

promesa hecha

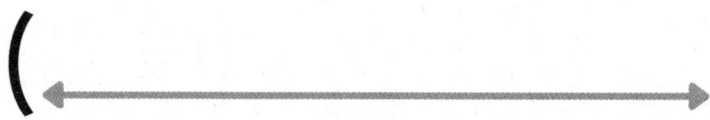

¿Por qué permite Dios estos largos períodos entre paréntesis, cuando un mes puede parecer un año y un año puede parecer un siglo? No se nos dice explícitamente, pero vemos un patrón en la Biblia. En los miles de años que transcurren entre Génesis 3, cuando Dios prometió por primera vez que enviaría a Jesús, y Mateo 1, cuando lo envió, se refuerza una verdad particular: Dios cumple sus promesas. Esta brecha expansiva entre los paréntesis muestra algo que una Biblia más breve no podría: Dios es fiel a su pueblo. Incluso después de miles de años, no olvida sus promesas.

Desde la perspectiva inmediata de Sarai, parecería que Dios ha olvidado sus promesas. O eso, o no puede cumplirlas, pero la fidelidad, recordemos, solo se demuestra con el tiempo. Con el tiempo, veremos que Dios puede cumplir y cumplirá sus promesas. Nada está fuera de su control. No obstante, por ahora, Sarai está invitada a tener fe en medio de un "tiempo de espera" entre paréntesis.

**¿Qué situación fuera de control estás viviendo? ¿Cuán difícil es para ti?**

___

___

**¿Quién más está prosperando mientras tú sufres?**

___

___

**¿Cómo es que esta situación te ha demostrado que no tienes el control?**

___

___

**¿Cómo es que ha sido insatisfactoria tu búsqueda de tener el control?**

___

___

**¿Qué has aprendido en este lapso de tiempo entre los paréntesis que de otro modo no habrías aprendido?**

___

___

___

## LA HISTORIA DE SANA

Cuando Sana tenía cuatro años la dieron en custodia adoptiva, pero no fue hasta mucho después cuando descubrió por qué: su madre la había estado vendiendo a hombres para conseguir drogas.

Su *madre*. La que debía protegerla la había explotado. Historias como la de Sana nos hacen preguntarnos: "¿Dónde estaba Dios? ¿Por qué permitió que eso sucediera?". Sin embargo, sorprendentemente, Sana mira hacia atrás y ve que Dios la protegió. El hogar donde Sana estaba en custodia adoptiva albergaba una iglesia en su sótano, y allí fue donde Sana conoció a Jesús.

De niña, Sana recuerda que se aferraba a la promesa de que Dios era su protector, incluso cuando no se sentía a salvo. Claro que a veces dudaba y cuestionaba, pero incluso en sus momentos más oscuros (como cuando abusaron de ella en un centro auxiliar de apoyo familiar), Sana sintió la presencia de Dios. Sabía que no estaba sola.

Algunos podrían leer la historia de Sana y ver evidencias de la *falta* de fidelidad de Dios. Al igual que Sarai, fue explotada. Al igual que Sarai, se sintió abandonada. Al igual que Sarai, hubo una discrepancia entre lo que Dios prometió y lo que ella experimentó, al menos durante un tiempo. No obstante, Sana mira hacia atrás a todas sus penurias y dice: "No me enterraron, me plantaron". No es la historia que ella habría elegido, pero es la historia que Dios escribió para ella. Y esta historia le ha dado credibilidad para su ministerio actual: llevar a Cristo a otras personas que han sufrido dificultades similares.

En todo momento, Dios tenía un propósito para Sana. Tenía una historia de su propia fidelidad que estaba contando. Lo mismo ocurrió con Sarai, ¡y lo mismo ocurre contigo!

# LECCIÓN 3 — SEMANA 2

## BENDICIÓN Y MALDICIÓN

Cuando "COVID" se convirtió en una palabra familiar, todos comprendimos mejor lo que es una "plaga". Es diferente a la gripe. Dura más que un fin de semana y se extiende más allá de tu casa. Afecta a tu vida a gran escala. Todo esto es lo que Sarai experimenta en el harén del faraón.

**Lee Génesis 12:17.**

**¿Quién ha sido afligido? ¿Por quién? ¿A quién se hace referencia como la causa?**

_____

_____

**¿Quién se revela como el más poderoso y cómo?**

_____

_____

**La primera palabra "mas" indica contraste. ¿A quién se contrapone y cómo?**

_____

_____

_____

**¿Quién lo ha causado?**

_____

_____

_____

Podemos responder a esta última pregunta de varias maneras. Definitivamente, el faraón no es el bueno de la historia. Al igual que los demás faraones de Egipto, probablemente se consideraba un dios al que había que adorar y, sin duda, se sentía con derecho a tener a cualquier mujer que deseara. Ahora bien, tampoco esperábamos que el faraón fuera una bendición. Sin embargo, eso *es* lo que esperábamos de Abram.

## EL INSENSIBLE ABRAM

Las primeras palabras de Dios a Abram son fundamentales, y por eso no dejo de referirme a ellas. Recuerda que la palabra hebrea para "bendito" connota riqueza y bienestar. Dios dice:

> Y _____ de ti una nación grande, y te bendeciré, y engrandeceré tu nombre, y serás _____
> (Génesis 12:2, RVR1960).

**¿Cómo se ha cumplido la primera parte?**

_____

_____

**¿Qué dirían los otros protagonistas de esta historia sobre la última parte?**

_____

_____

_____

La casa del faraón ha sido azotada no por una, sino por múltiples plagas. Las personas sufren, probablemente durante meses, si no son años. Sin embargo, Abram es tan insensible como para pasar de largo ante su dolor y decir: "¡Oye, hermana!". Es probable que las plagas no afectaran a Sarai (que podría ser la forma en que el faraón la identificó como la causante). Pero eso no significa que Sarai está en el harén disfrutando de un pícnic. Está rodeada de personas estresadas, enfermas o afligidas, que no solo son extrañas para ella, sino también de una cultura ajena a la suya. Sin duda, se siente traicionada y abandonada por Abram.

## ABRAM, EL LÍDER

Hay una cosa más que Sarai sabe sobre Abram, y que quizá tú aún no sepas. Avanza un par de capítulos y mira lo que ocurre cuando alguien más de la familia de Abram es capturado, esta vez como prisionero de guerra, y se lo llevan fuera de Egipto.

**Lee Génesis 14:12-16.**

**¿A quién se llevaron y por qué?**

_____

_____

_____

**Enumera los detalles dados o implícitos sobre los recursos y las posibilidades de Abram.**

_____

_____

_____

Si yo fuera la directora de una película llamada *Abram*, esta sería mi escena de apertura. La cámara enfocaría a Abram cuando entra en acción tras recibir la noticia de que se han llevado a su sobrino. Veríamos a sus 318 hombres montados a caballo, listos para emprender un ataque en dos frentes durante la noche, y allí, al frente, estaría Abram, que se ganaría nuestra admiración y respeto.

Mi objetivo sería borrar cualquier imagen, plantada en tu mente durante las clases de escuela dominical, de un anciano con barba y bastón, que se arrastra por el desierto con su bella esposa y un burro. No, Abram es leal, valiente y con recursos. ¡Es un héroe de guerra! Un líder. Cuando llevamos esta información a nuestra historia en cuestión, me pregunto por qué nuestro valiente héroe no está haciendo algo para rescatar a su damisela en apuros. Apuesto a que Sarai se preguntaba lo mismo.

## SORPRENDIDO POR EL SEÑOR

Recuerda tu respuesta a la primera serie de preguntas sobre quién causó esta situación.

**Compara tu respuesta con lo que dice Génesis 12:17.**

---

---

**Vuelve a leer Génesis 12:1-3.**
**Dios prometió maldecir a cualquiera que hiciera qué cosa.**

---

---

---

**¿Cómo cumple Dios su promesa y a quién?**

---

---

---

## UN DIOS QUE MALDICE

Dios cumple dos tipos de promesas: bendecir y maldecir. Basta con echar un breve vistazo a las redes sociales para darse cuenta de lo mucho que los cristianos abrazamos las promesas de bendiciones de Dios. En cambio, ¿has visto últimamente algún meme sobre las promesas de maldiciones de Dios? Ambas cosas son ciertas. Dios promete bendecir y maldecir.

Haz un alto y piensa en la historia central de la Biblia. En las primeras escenas, vemos que Dios declara su *bendición* sobre Adán y Eva, pero inmediatamente se ponen del lado de la serpiente y pecan contra Dios. Esto desencadena consecuencias y *maldiciones*.

**¿A quién maldijo Dios en Génesis 3:14, y por qué fue esto una buena noticia para Adán, Eva y nosotras?**

**¿Quiénes serán enemigos, según Génesis 3:15? ¿La descendencia de quién se menciona?**

Cuando Dios trazó las líneas enemigas, la serpiente engañadora estaba de un lado y Adán y Eva del otro. Tal vez suspiraron de alivio cuando se dieron cuenta de que Dios estaba *de su lado*. Si los hubiera dejado del lado del enemigo, se habrían quedado sin forma de librarse del pecado, la enfermedad o la muerte, y sin forma de erradicar el mal. Pero Dios se puso de su lado. Maldijo al verdadero enemigo y prometió que un día la descendencia de la mujer lo aplastaría para siempre. ¿Quién es entonces ese descendiente?

Esta es la cuestión. Al pasar las páginas de Génesis, la búsqueda se reduce cuando Dios se compromete con Abram y su (futura) familia.

*¡Ajá!,* decimos. ¿Podría ser esta la línea familiar de la que procedería el Salvador que aplastaría la serpiente?

Sin embargo, no es hasta Mateo 1 cuando este vástago prometido, Jesús, entra en la historia. Y cuando lo hace, las líneas de batalla de Dios están intactas. Dios se pone del lado de Jesucristo y promete bendecir a quienes se ponen del lado de Él. Y Dios promete maldecir a los que se pongan del lado de la serpiente y rechacen a Cristo.

**¿Qué dicen los siguientes versículos sobre los enemigos de Dios?**

Mateo 25:41, 46 _____

Juan 3:36 _____

2 Pedro 2:4, 9 _____

Apocalipsis 20:10 _____

**¿Te has puesto del lado de Jesucristo? Si es así, ¿qué maldiciones evitarás?**

_____
_____
_____
_____

## PROTEGER AL PROMETIDO

Tal vez no hayas pensado en gozarte en las promesas de Dios de maldecir a la serpiente, pero deberías hacerlo. Este antiguo enemigo ha intentado acabar con tu única esperanza desde el primer día. ¿Te has dado cuenta (solo unos pocos versículos en la historia de Abram) de cuántas maneras esta línea familiar corre el riesgo de extinguirse? Primero, Abram y Sarai experimentan problemas de esterilidad, luego hambruna, luego el riesgo de asesinos "roba esposas". Y, ahora, su matrimonio está roto, y Sarai está en la alcoba de otro hombre.

**¿Cómo peligra la futura descendencia de Sarai en Génesis 12:15?**

---
---
---

**¿De qué manera la promesa de maldición de Dios (Génesis 12:3) está diseñada para proteger a Jesús, la futura descendencia de Sarai?**

---
---
---

**¿Tienes una nueva comprensión sobre cómo Dios cumple sus promesas en Génesis 12:17?**

---
---
---
---

Como lectoras de la gran historia de Dios, deberíamos ponernos nerviosas cuando se llevan a Sarai. Sin la prometida descendencia de Abram y Sarai, no hay nadie que pueda aplastar a la serpiente y erradicar el mal y el sufrimiento bajo el que todos vivimos.

Y aunque Abram no hace nada por rescatar a Sarai, Dios sí lo hace. La rescata al cumplir su promesa: no de bendecir, sino de maldecir. Cuando Dios dijo que maldeciría a cualquiera que tratara a Abram y su esposa con desprecio (Génesis 12:3, NTV), no solo estaba diciendo: "Te cubro las espaldas". Sí, Dios prometió protegerlos, pero estaba en juego mucho más que su seguridad. Esta plaga protegería principalmente a la línea familiar de la que procedería Jesús.

**¿Por qué Sarai, atrapada en el harén del faraón, no tenía nada que temer?**

_____

_____

_____

_____

## TU RESCATE

Ojalá pudiera señalar esta historia de la Biblia y prometer que, como Sarai, tú también serás rescatada de todas las situaciones peligrosas del mundo, pero eso sería engañoso. Has leído la historia de Sana en la última lección. Tienes tus propias historias de personas que aman a Jesús, pero que son heridas a manos de personas malvadas. Vivimos en un mundo peligrosamente corrupto y no podemos suponer que, como Dios rescató a Sarai, podemos dejar las puertas abiertas por la noche.

Las promesas a las que nos hemos estado refiriendo en Génesis 12 fueron exclusivas de Abram y Sarai. Pero su historia está ligada a la nuestra, ¿recuerdas? No creo que sea exagerado decir que cuando Dios rescató a Sarai, también estaba pensando en ti. Estaba pensando en cada una de nosotras que necesitábamos que nuestro Salvador, Jesucristo, naciera en la línea familiar de Sarai.

Jesús sabía muy bien cómo son las personas, lo codiciosas y egoístas que somos. Sin embargo, cuando Jesús consideró la cruz, no se concentró en cómo es la gente; ¡sino en cómo es Dios! Jesús eligió no concentrarse en las amenazas, sino en su teología. Jesús entregó su vida porque sabía que Dios lo levantaría de entre los muertos (Romanos 8:11).

¿Ves el contraste? Los que no ven cómo es posible que las promesas se hagan realidad son cobardes y egoístas. Como Abram, ponen en peligro a otras personas, pero los que viven con la seguridad de que las promesas *son* verdad (y creen que Dios está de su parte) se parecen a Jesús, llenos de valentía, abnegación y confianza en Dios.

**¿De qué manera concentrarte en las amenazas te ha hecho ser cobarde y egoísta?**

**¿Has puesto en peligro a otros por temor?**

**¿Qué diferencia habría si te concentraras en lo que sabes de Dios, y no en lo que sabes de las personas?**

# SEMANA 2　　LECCIÓN 4

## UN ÉXODO EN MINIATURA

No sabemos con certeza cómo, pero el faraón descubrió el secreto que Abram guardaba. Tal vez Sarai no se enteró de lo que estaba pasando y el faraón le atribuyó las plagas a ella. Sea como fuere, el faraón se enteró de que Sarai era la esposa de Abram, no su hermana.

**Lee Génesis 12:18-20.**

**¿Cómo da a entender el faraón que se siente personalmente ofendido?**

_____
_____

**¿Qué dice Abram? ¿A qué crees que se debe?**

_____
_____
_____

**¿Cuántas veces se menciona la palabra "mujer"? ¿Qué enfatiza eso?**

_____
_____

**¿Quién reprende a quién? ¿Por qué es irónico?**

_____
_____
_____

**En esta historia, ¿a quién considera poderoso Abram y a quien el faraón? ¿Quién tiene razón?**

_____
_____
_____

**¿Con qué dos cosas salió Abram de Egipto (v. 20) y cómo está cumpliendo Dios sus promesas aquí?**

_____
_____
_____
_____

**Lee Génesis 13:1-4 y marca en el mapa de la página 18 el recorrido de Abram.**

Imagínate a Abram y Sarai pasar por esas mismas pirámides al salir de Egipto. En el camino de ida, Abram se había concentrado en las amenazas. Había estado diciendo: "Yo sé cómo es la gente", pero en el camino de salida de Egipto, ¿no crees que debe haberse concentrado en su teología? ¡Mira cómo Dios acababa de mostrarles cómo es Él!

El hombre más poderoso de la tierra se había llevado a Sarai. Sin embargo, el faraón no tenía el control; ¡Dios lo tenía! No había que temer al faraón, sino a Dios. Esta es una poderosa demostración de que Dios cumple sus promesas. Como resultado, Abram y Sarai consiguen su propio éxodo personal, no por su propia fidelidad, sino por la fidelidad de Dios.

## INCONFUNDIBLES PARALELISMOS

En 2021, leí un artículo sobre la gripe española de 1918. El artículo explicaba que el virus había afectado a un tercio de la población. Llegó en oleadas e intentaron detener la propagación con cuarentenas. Mientras leía, asentía con la cabeza y decía: "Sí. Todo eso me suena muy familiar". Ahora bien, si hubiera leído ese mismo artículo el año *anterior* al ataque del COVID, me habría parecido irrelevante, pero como acababa de vivir algo comparable, las similitudes eran fáciles de detectar.

Siéntate entre los israelitas del desierto. ¿Recuerdas su historia? Ellos también estaban atrapados en Egipto bajo un poderoso faraón. Y ellos también experimentaron la liberación de Dios. Ten en cuenta que hay un lapso de quinientos años entre estas dos historias. Anota a continuación las similitudes que encuentres.

| ABRAM Y SU ESPOSA | LOS ISRAELITAS EN EL DESIERTO | EXPERIENCIA COMPARTIDA |
|---|---|---|
| Génesis 12:10 | Génesis 45:11 | |
| Génesis 12:16 | Éxodo 3:22; 12:35 | |
| Génesis 12:17 | Éxodo 9:14 | |
| Génesis 12:20 | Éxodo 12:31 | |

**¿Qué enseña cada historia sobre la fidelidad de Dios?**

_____

_____

_____

_____

¿Qué diferencia hubo en cómo reaccionaron los dos faraones, pero cuál fue el mismo resultado? ¿De qué manera demuestra esto que Dios cumple sus promesas?

_____
_____
_____
_____

Piensa en los israelitas del desierto que escucharon esta historia. ¿Qué amenazas enfrentaban? (Consulta Números 14 si necesitas un repaso). ¿De qué manera el ejemplo negativo de Abram al concentrarse en las amenazas pudo retarlos a concentrarse en su teología?

_____
_____
_____
_____

## LA TEOLOGÍA DE LOS PADRES DE MOISÉS

Fíjate en otro interesante paralelismo. ¿Recuerdas lo que le sucedió a Moisés, el líder de los israelitas en el desierto, cuando era un bebé? El faraón, preocupado por estar en inferioridad numérica frente a los israelitas, ordenó arrojar al río Nilo a todos los recién nacidos. Pero los padres de Moisés lo escondieron en una cesta y la hicieron flotar en el Nilo, donde la hija del faraón lo encontró y lo adoptó. (Puedes leer la historia en Éxodo 2).

¿Ves la similitud entre Moisés y Sarai? Ambos fueron acogidos en la casa del faraón. Veamos una similitud y una diferencia en sus historias.

**Lee Hebreos 11:23. ¿Qué vieron los padres de Moisés en su bebé?**

_____
_____

**¿Qué dijo Abram que sabía de Sarai (Génesis 12:11)?**

_____

_____

**¿Cómo respondieron los padres de Moisés a la amenaza de su faraón? Lee Hebreos 11:23.**

_____

_____

**Dibuja un círculo alrededor de las tres primeras palabras de este versículo y completa los espacios en blanco:**

> Por la fe... [los padres de Moisés] no _____ ... (Hebreos 11:23, RVR1960).

¿Significa este versículo que los padres de Moisés no tuvieron miedo? Creo que no. Su bebé corría el riesgo de ser encontrado y arrojado al Nilo, pero no vivían con miedo. Vivían con fe, y esa fe marcó la diferencia.

Mira el contraste: Abram vivía con miedo y decía: "Yo sé cómo es la gente". Abram era cobarde y egoísta. Traicionó a su esposa en lugar de protegerla.

En cambio, los padres de Moisés vivían con fe. Sabían cómo era el faraón, pero con sus acciones dijeron: "También sabemos cómo es *Dios*". Fueron nobles y valientes. Desafiaron al faraón y protegieron a su bebé.

## CÓMO RESPONDER A TU FARAÓN

Amiga, siempre habrá amenazas. Siempre habrá otro "faraón" que parezca tener el control, pero tú puedes elegir si te concentras en las amenazas o en tu teología.

¿Qué amenaza enfrentas actualmente?

- ¿Otra mujer está atrayendo la atención de tu marido?
- ¿Tu hijo es adicto a la pornografía o las drogas?

- ¿Tu nuera te amenaza con alejarte de tus nietos?
- ¿Tu hijo/a sufre disforia de género?
- ¿Alguna noticia mundial te tiene atemorizada?

**¿Quién es el "faraón" de tu historia? ¿Qué amenaza enfrentas?**

_____
_____
_____

Es natural vivir con miedo. Es sobrenatural vivir con fe. Tú eliges: ¿Responderás como Abram? ¿O serás como los padres de Moisés, que "por la fe… no temieron" (Hebreos 11:23)? Escribe tu nombre en el espacio en blanco:

**Por la fe** _____ **no temió…**

**¿Cómo sería vivir con la seguridad de que esto es verdad? Escribe una oración a Dios en la que le pidas fe, valentía y audacia sobrenatural.**

_____
_____
_____
_____
_____
_____
_____

# SEMANA 2 — LECCIÓN 5

## CONSIDERA LA FIDELIDAD DE DIOS

Sarai vivió una situación que estaba completamente fuera de su control. Era una mujer extranjera, sin derechos, y fue llevada al harén del hombre más poderoso de la tierra. Las cosas parecían más que malas, sin embargo, Dios fue fiel.

### *RESUME*

Resume la historia de Abram y Sarai en Egipto, e incluye estas tres citas:

"Di que eres mi hermana" (Génesis 12:13).

"Y fue llevada la mujer" (Génesis 12:15).

"¿Qué es esto que has hecho conmigo?" (Génesis 12:18).

## *REFLEXIONA*

Repasa algunos puntos clave de la semana y reflexiona sobre cómo Dios te invita a responder.

Abram se concentró en cómo es la gente, y su miedo le hizo olvidar cómo es Dios. Es natural concentrarse en las amenazas; es sobrenatural concentrarse en la teología. Como Abram, tenemos la opción de vivir con fe o con miedo.

**¿Qué persona o situación amenazante se ha apoderado de tus pensamientos? ¿Qué verdad sobre Dios estás olvidando?**

---

---

---

---

**Haz un plan. ¿Cómo te concentrarás en cómo es Dios la próxima vez que te sientas tentada a concentrarte en cómo son las personas? ¿Cómo elegirás la fe y no el miedo?**

---

---

---

---

Fue decepcionante ver a Abram enriquecerse a costa de Sarai, pero la Biblia no es una historia sobre personas que lo hacen todo bien y reciben lo que se merecen; es una historia sobre personas que lo hacen todo mal y reciben lo que no se merecen, como Abram. Y en todo ese tiempo, Dios nunca abandonó ni olvidó a Sarai.

¿Cómo te ha decepcionado ver que otra persona se beneficia mientras tú sufres? ¿Cómo te recuerda la historia de Sarai que Dios no te ha abandonado ni olvidado?

_____
_____
_____
_____

¿Por qué es una buena noticia para ti que la Biblia no hable de personas que reciben lo que se merecen, sino de bendiciones que no se merecen?

_____
_____
_____
_____

¿En qué situación te pide Dios que confíes en Él para recibir la paz y la seguridad que nunca podrá darte aferrarte al control con los puños bien cerrados?

_____
_____
_____
_____

Durante (quizás) meses, Sarai se enfrentó a una disparidad entre las promesas de Dios y su situación real en el palacio del faraón. Sin embargo, mientras estuvo allí, Sarai pudo ver que ella no tenía el control, sino Dios.

**¿Qué situación está utilizando Dios para mostrarte que tú no tienes el control? ¿Cómo ha utilizado esto para ayudarte a ver que Él sí lo tiene?**

---
---
---

**¿Qué te está enseñando Dios, en el lapso de tiempo entre paréntesis, que no habrías aprendido de otra manera?**

---
---
---

En respuesta a la amenaza que suponía el faraón, Abram vivió con miedo y fue cobarde y egoísta. Los padres de Moisés vivieron con fe y fueron valientes y abnegados.

**¿En qué situación te pide Dios que respondas a tu "faraón" con fe?**

---
---
---

**¿En qué situación serás valiente y abnegada por la fe?**

---
---
---

## *REPASA*

En esta parte de la historia, Dios utilizó las plagas en la casa del faraón para proteger y rescatar a Sarai junto con el vástago que descendería de ella, Jesús, que es nuestra única esperanza de ser rescatadas del pecado.

**¿Cómo ves a Dios demostrar su fidelidad al cumplir sus promesas en esta parte de la historia de Sarai?**

**¿Te dejarás moldear por las promesas de Dios? Elige una o dos de las promesas de la lista de "Para esta vida: Promesas de vida y refrigerio espiritual" de la página 290, junto con un versículo para memorizar. Escribe ambos a continuación.**

**SEMANA 3**

# Vergüenza y control

**SEMANA 3**     LECCIÓN 1

# Vergüenza y control

## LA RAMA SECA DEL ÁRBOL GENEALÓGICO

Hace años, teníamos un árbol en el jardín de nuestra casa, que era frondoso y verde excepto por una rama enorme, sin hojas y seca, que sobresalía hacia un lado. Era desagradable a la vista. No daba sombra ni era estética. No importaba lo que intentáramos, no le crecían hojas, así que estoy segura de que puedes imaginarte el desafortunado final de aquella rama seca.

En nuestra historia, Sarai se presenta como la rama seca que sobresale del árbol genealógico más importante de la historia del mundo.

### SOLO DIOS

Ya, en Génesis 15 (abordamos brevemente este tema en nuestra primera lección), vimos a Dios caminar por el pasillo entre las piezas de animales cortados y comprometerse a cumplir el pacto que estaba haciendo con Abram. Sin embargo, antes de esta ceremonia de pacto, Dios tuvo una conversación con Abram en la que le detalló exactamente lo que le estaba prometiendo.

**Lee Génesis 15:1-6.**

**¿Qué suposición hizo Abram que Dios corrigió (vv. 2-4)?**

_____
_____
_____

¿Qué acciones e imágenes utiliza Dios para reiterar lo que le ha prometido (v. 5)?

Según el versículo 6, ¿cuál fue la respuesta interna de Abram y cuál fue la reacción de Dios? ¿Qué nos enseña esto sobre la fe?

Hasta ahora, Abram recibió la promesa de que:

> Dios hará de ti una gran nación.
> Dios te dará un hijo este año.
> Dios te dará un hijo como heredero.
> Dios te dará un hijo a través de Sarai.

¿Con qué estado de ánimo o emoción podría haber regresado Abram a su casa después de esta experiencia con Dios?

Dios quería que Abram tuviera "por cierto" (Génesis 15:13) que Él cumpliría sus promesas, así que llamó a este antiguo adorador de la luna para que saliera de su tienda y contemplara el firmamento lleno de estrellas. *Así será la fotografía de tu familia. Ni siquiera podrás contarlos a todos.* Entonces Abram "creyó a Jehová, y le fue contado por justicia" (Génesis 15:6).

Génesis 15 fue una experiencia cumbre para Abram, mientras que en Génesis 16 vemos a la esposa de Abram en lo profundo de un valle. Por lo que sabemos, Sarai no llegó a ver el horno humeante ni a contemplar las estrellas con Dios. Así que cuando Abram, entusiasmado y lleno de fe, empieza a contarle las promesas de Dios, no me imagino a Sarai danzar de alegría, sino tragarse el nudo en la garganta y secarse las lágrimas.

Sí, conocía las grandiosas promesas de Dios, pero también sabía que seguía viviendo en una tienda. Y que seguía sin tener hijos.

## UNA PUERTA CERRADA

Sarai debió de sentirse eufórica cuando supo que Dios le había prometido a Abram que sería padre no solo de un niño, sino de una nación. Y poco a poco debió de sentirse confundida y luego desolada, cuando mes tras mes Dios dejaba abierto el paréntesis de su promesa.

Si tú o yo encontráramos la puerta de la maternidad cerrada, tendríamos especialistas a los que acudir, agencias a las que consultar u otras puertas a las que llamar. Para Sarai, la maternidad era la única puerta, y no había nadie que la abriera. No solo la dignidad de Sarai estaba inextricablemente ligada a tener un hijo, sino que las promesas de Dios dependían de su capacidad para concebir.

Imagínate la presión y la derrota de tener que responder mes tras mes cuando Abram le preguntaba discretamente: "¿Y… alguna noticia?". Sarai no solo no podía concebir un hijo, sino que tenía un marido que creía que ella sí podía.

**Escribe Génesis 11:30.**

_____
_____
_____

**Escribe la primera mitad de Génesis 16:1.**

_____
_____
_____

**Consulta la línea de tiempo de la página 17. ¿Cuántos años tiene Sarai y cuántos años probablemente ha luchado con la esterilidad?**

_____

**¿Cuántas decepciones mensuales ha soportado Sarai (usa tus matemáticas) en la tierra prometida?**

_____

**¿Cómo crees que se sintió respecto a las promesas de Dios después de la experiencia de Abram con Dios cuando contempló las estrellas?**

_____
_____
_____

## LA RAMA SECA DE SARAI

Desde el principio, la Biblia utiliza los árboles como una ilustración de las personas. Incluso en el poema de la creación (Génesis 1), en los días tres y seis, se establece un paralelismo entre los árboles frutales y las personas: "árboles que dan frutos con semillas" (Génesis 1:12, NTV).[1] ¡Dios nos diseñó para ser fructíferas! Uno de los temas principales del Génesis es ver cómo la "semilla" (a menudo traducida como "descendencia") pasa de una generación a la siguiente, a medida que los árboles genealógicos dan sus frutos.

Después que Adán y Eva comieron del fruto prohibido, Dios les hace su promesa más preciosa: la simiente (descendencia) de la mujer aplastará a la serpiente (Génesis 3:15). Nuestro prometido Salvador (el que nos liberará al erradicar el mal) no vendrá en las nubes. (Al menos no la primera vez). Nacerá. Formará parte del árbol genealógico de alguien. Así que, a partir de este momento, al pasar las páginas de Génesis y conocer a cada nueva generación, nos preguntamos: "¿Ha llegado el momento? ¿Ha nacido la descendencia prometida?". Entonces, Dios distingue a Abram al prometerle que todas las familias del mundo serán bendecidas a través de él (Génesis 12:3), y empezamos a atar cabos. ¡Por fin! Sin embargo, nuestro entusiasmo se apaga cuando nos enteramos de algo devastador: Sarai, la mujer de Abram, es estéril. Es una rama seca del árbol genealógico, no una rama fructífera.

Observa lo que dice Dios cuando elige una rama seca para que produzca su descendencia prometida. Tanto en los árboles frutales como en los árboles genealógicos, Dios hace crecer el fruto. Él es el Creador. La fertilidad en cualquiera de sus formas es un regalo suyo. Pero, Dios sabe que nos inclinamos a ser autosuficientes, así que, con su descendencia prometida, se asegura de que entendamos que no es posible la salvación por uno mismo. Sarai es estéril y no puede concebir el hijo que Dios le ha prometido. Sin embargo, estamos a punto de ver cómo lo intenta.

**Lee Génesis 16:1-3.**

**¿Cuál dijo Sarai que era la causa de su esterilidad? ¿Tiene razón?**

**¿Se está dejando moldear Sarai por las promesas de Dios? ¿Qué indicios encuentras en el texto?**

.................................................................................................

.................................................................................................

.................................................................................................

**¿Cómo contrasta su respuesta con la de Abram en Génesis 15:5-6?**

.................................................................................................

.................................................................................................

## LAS MÍNIMAS POSIBILIDADES DE GABY

Todas hemos sentido el dolor punzante de las esperanzas truncadas mientras vivimos en este mundo, hundidas bajo el quebranto del pecado y la caída. Las mujeres, en particular, experimentan el dolor desgarrador de la infertilidad, el anhelo de casarse y de formar una familia. Mi amiga Gaby conoce bien este dolor.

Gaby siempre ha deseado ser madre. Pensó que a los veintisiete años Dios le habría dado al menos un marido. En cambio, Dios le ha dado un cáncer de mama en fase tres. Una vez que Gaby termine el tratamiento, deberá tomar un medicamento por diez años que provoca esterilidad y menopausia precoz. Para Gaby, la posibilidad de tener hijos es mínima.

"¿Por qué, Dios?", se pregunta desesperada. Sin embargo, Gaby también ve sus años de estudio de teología en su formación como consejera bíblica como la manera en la que Dios la preparó para enfrentar este doloroso camino entre sus pruebas y las promesas de la eternidad venidera. No es un camino para apresurarse, dice Gaby. Es un tiempo para conocer y sentir a Dios en su Palabra. Es un tiempo para dejar que nos pode y haga crecer su fruto en nosotras.

Hace poco, Gaby revisó sus diarios personales en busca de otros ejemplos de la fidelidad de Dios en el pasado, con la certeza de que Él era el mismo entonces que en esos días oscuros. Sus ojos se abrieron de par en par cuando encontró una anotación en la que había escrito: "Dios, ¡quiero conocerte y entenderte más! Quiero experimentarte en mi vida. Estoy harta de mi pecado". Dios estaba utilizando el cáncer para responder a su oración, porque ha descubierto que Dios es más dulce y está más presente que nunca en su sufrimiento. Y mientras ora para que el tratamiento la sane del cáncer, reconoce que también la está sanando de su pecado, en particular de su autosuficiencia y su deseo de tener el control.

Gaby sabe que no tiene ninguna promesa de ser madre, ni siquiera de recuperar la salud. Entonces, ¿a qué promesa se aferra Gaby? A Dios, que es mejor que los hijos y las hijas (Isaías 56:5), y que le promete la vida eterna con Él.

Cuando escucho hablar a Gaby, veo que su vida florece y da frutos espirituales al dejarse moldear por las promesas de Dios. ¿Ha olvidado o abandonado Dios a Gaby? Por supuesto que no. Él cuida de su alma diariamente (2 Corintios 4:16), fiel como siempre. En medio del cáncer de Gaby, Dios cumple su promesa de no abandonarla (Hebreos 13:5) y darle consuelo (2 Corintios 1:4) y paz (Filipenses 4:7). Le está recordando que nada puede separarla de su amor (Romanos 8:39). Dios se está dando a sí mismo a Gaby.

Aunque Sarai no podía verlo, Dios también era fiel con ella como siempre, incluso en medio de su esterilidad. No había olvidado ni abandonado a Sarai. Su futuro no era menos seguro. En esa amplia distancia entre paréntesis, Dios estaba demostrando lo que una breve línea temporal no podía: Él es fiel, y solo Él produce fruto.

## TU RAMA SECA

¿En qué situación te encuentras hoy? ¿Estás desesperada por ser fructífera? Tal vez tú también anhelas tener el honor de ser madre o abuela.

Tal vez anhelas ver que tu trabajo o tu inversión dan fruto. O tal vez hay algún fruto espiritual por el que estás desesperada. ¿Anhelas liberarte de una adicción, de la pornografía o de una aventura amorosa? ¿Anhelas ser paciente, no enojarte fácilmente? ¿Tener paz, no ansiedad?

O quizás es el fruto espiritual en las ramas de otra persona lo que anhelas ver. ¿Tu matrimonio se ha resquebrajado por la infidelidad y el engaño? ¿Tu hijo adulto se ha alejado de la fe? ¿Anhelas que tu hermano vuelva con su esposa o que tu hija te devuelva las llamadas? ¿Se trata de tu padre adicto al alcohol o de tu hijo adolescente adicto a la pornografía?

Amiga, ¿podría ser que, en este extenso lapso de tiempo, Dios quiera que recuerdes que es solo a través de Él que se produce el fruto?

**¿Cuál es tu rama seca que te angustia? ¿Qué fruto anhelas dar?**

**Describe cómo te sientes respecto al fruto que no has podido dar.**

**¿Cómo ha utilizado Dios esta situación para ayudarte a reconocer que solo Él tiene el control?**

**Lee Salmos 1:1-3. ¿De qué manera puedes ser como el árbol que se describe aquí?**

_____

_____

_____

## CUANDO DIOS LO IMPIDE

Si la infertilidad forma parte de tu historia, no sabes cuánto Dios se aflige contigo. Este doloroso efecto de la caída no es lo que Dios pretendía cuando creó un mundo rebosante de fertilidad. Porque Dios te ama, te promete que un día erradicará la corrupción del pecado de toda la tierra para que puedas experimentar la vida tal como Él la diseñó en la Ciudad-Edén celestial. Para que esto suceda, Dios envió a su descendencia prometida a aplastar el poder del pecado y erradicar el mal.

Este es el plan que Dios pone en marcha cuando promete que la rama seca de Sarai dará fruto, pero pasan los años y no da fruto. Dios *impide* el fruto (Génesis 16:2), y Sarai no puede entender por qué. ¿Y tú? ¿Ves la razón por la que Dios se demora tanto en colocar ese paréntesis de cierre de sus promesas?

¿Recuerdas lo que vimos en la introducción, esas dos cosas que Dios solo puede cumplir entre el extenso espacio de tiempo entre el paréntesis de apertura y el de cierre? Si necesitas refrescar la memoria, consulta las páginas 12-15 y completa los espacios en blanco. Luego considera la obra fructífera de Dios en la vida de Sarai y en la tuya.

1. La _____ de Dios _____ _____ con el tiempo.

2. Dios quiere que nos dejemos _____ por _____ _____.

promesa hecha

Si Sarai hubiera quedado embarazada de inmediato, ¿cómo podría haberse perdido una o ambas cosas?

¿Cómo ha conseguido Dios, el magistral escritor de esta historia, mantener la atención de Sarai y la nuestra hasta ahora?

Piensa en tu propia "rama seca":

¿Cómo ha mantenido Dios tu atención al no pasar demasiado rápido a la "parte buena"?

¿Qué has descubierto sobre la fidelidad de Dios en la espera?

## HAY UNA SEGUNDA PARTE

Mi amiga Abigail oyó a su hija Eliza decir que había terminado su libro. Entonces, el hermano de Eliza preguntó:

—¿Tuvo un final feliz o triste?

—Tuvo un final feliz —respondió Eliza, y él se alegró. Después Eliza dijo:

—Oh, pero a mí me gustan más los finales tristes, porque significan que habrá una segunda parte —dijo Eliza después.[2]

Amiga, fue cierto para Sarai y es cierto para ti. Hay una segunda parte. Dios puede hacer que todo aquello que esté muerto en tu vida florezca en cualquier momento. Así que, en ese sentido, tal vez haya impedido algo que tú anhelas, pero se acerca el día cuando Dios enjugará toda lágrima de tus ojos y hará nuevas todas las cosas (Apocalipsis 21:4-5). Dios cumplirá sus promesas, ¡todas y cada una de ellas!

Sí, queremos saltar a la parte buena, pero este tramo entre paréntesis *es* una de las partes buenas. ¿Permitirás que tu desesperación por ser fructífera te haga poner tu mirada en Aquel que produce el fruto? ¿Decidirás dejarte moldear por sus promesas? La espera nunca es en vano. La fidelidad de Dios solo puede verse con el tiempo.

# LECCIÓN 2 — SEMANA 3

## ENGRAPAR EL FRUTO

En la cultura de Sarai, las personas se casaban para tener hijos. No era necesaria una historia de amor, pero tener hijos sí. Como Sarai era una esposa sin hijos, y Abram era el "padre" del clan que no tenía hijos, su matrimonio se consideraba un fracaso.[3] Eran como una escuela sin alumnos o un centro comercial sin compradores. Su falta de hijos no solo les causaba tristeza, sino también vergüenza. Sin embargo, a través de su historia, Dios nos muestra que la autosuficiencia no es la respuesta.

**Lee Génesis 16:1-4.**

Cuando Dios se apareció a Abram, sus primeras palabras fueron: "Te bendeciré". Ahora, diez años después, las primeras palabras registradas de Sarai son: "Quizás tendré…". Después de una década de esperar a que Dios cumpliera sus promesas, Sarai toma las riendas del asunto.

**¿Cómo intenta Sarai tomar el control? ¿En qué se contradicen el control y la fe?**

**¿Qué es lo que Agar no puede controlar? ¿Qué sugiere que se ve a sí misma ganando el control?**

_____

_____

_____

**¿Es el embarazo de Agar el resultado del cumplimiento de las promesas de Dios? ¿Cómo respondería Sarai a esa pregunta?**

_____

_____

**Fíjate la traducción del versículo 2 en la Nueva Versión Internacional:**

> Ve y acuéstate con mi esclava Agar. Tal vez por medio de ella podré _____ una familia.

Esta es una de esas palabras hebreas hechas de imágenes concretas, no abstractas. Sarai ve a ese hijo como un pilar sobre el que apoyar toda su vida. Después de una década de espera en Dios, me imagino a Sarai pensar: _"Hemos dejado nuestro hogar, nuestra familia, nuestra vida. Hemos vivido en un país extranjero durante diez años. Hemos hecho todo lo que Dios nos ha pedido. ¿Por qué no nos ha bendecido con un hijo?"_.

¿Alguna vez te has sentido así? Tal vez has reservado el sexo para el matrimonio, has vivido según tus convicciones en el trabajo o has criado a tus hijos para que amen a Dios, y te preguntas por qué… por qué, Dios no te ha bendecido como imaginabas que lo haría. Amiga, Dios _está_ complacido con tu obediencia, pero no está interesado en una relación transaccional contigo. Dios te invita a que le cedas el control y a que vivas conforme a la verdad de que Él es Dios y tú no. Sarai lo malinterpreta y hace lo contrario.

## INTENTAR JUGAR A SER DIOS

**Vuelve a Génesis 16:1-3 y enumera lo que Sarai puede y no puede controlar:**

| PUEDE CONTROLAR | NO PUEDE CONTROLAR |
|---|---|
|  |  |

**¿Cómo está Sarai tratando de tomar el control y jugar a ser Dios?**

**"Nadie que intente jugar a ser Dios lo hace muy bien". ¿Es cierta esta afirmación? ¿Por qué sí o por qué no?**

Quizá te preguntes si estamos siendo injustamente críticas al acusar a Sarai de "jugar a ser Dios" cuando ofrece Agar a Abram. Después de todo, Dios aún no ha declarado explícitamente que Sarai será la madre del hijo prometido a Abram. Dios tampoco reprende directamente a Abram y su esposa por tener un hijo por este medio.[4] Para que quede claro, estoy interpretando (no observando) el texto cuando digo que la "solución Agar" es un plan carente de fe. He aquí lo que me lleva a esta interpretación.

Moisés no se limita a relatar los acontecimientos de la vida de Abram y Sarai. Está elaborando este episodio de Génesis 16 como parte de un marco más amplio. Está contando la historia del origen de los israelitas del desierto, ¿recuerdas? Se trata de una historia en la que Dios hace y cumple promesas a su pueblo elegido. Una de las principales tensiones de la historia (lo que pone en peligro muchas de las promesas) es la esterilidad de Sarai (Génesis 11:30). Al final de la historia,[5] nosotras (las lectoras) veremos lo que los israelitas del desierto ya saben: el hijo nacido de Abram a través de Agar no solo es irrelevante para la historia de su origen, sino que también es una amenaza.

Además, el Nuevo Testamento utiliza la "solución Agar" de Sarai como un ejemplo de autosuficiencia (ver Gálatas 4:22-23), que es lo contrario a caminar por la fe. Dios está enseñando a Sarai (y a todas las que conocemos su historia) que la autosuficiencia pone en peligro nuestra fe.

## CAMBIAR VERGÜENZA POR HONRA

Sarai esperaba poder revertir la vergüenza de su esterilidad y recuperar su honra al engrapar su propio fruto al árbol genealógico. Ahora bien, desde nuestro punto de vista cultural, esto es difícil de entender. Consideramos la "solución Agar" de Sarai y nos preguntamos: *¿A quién se le puede ocurrir dar a su marido otra mujer para que se acueste con ella?* Imaginamos que esto aumentaría la vergüenza de Sarai, en lugar de recuperar su honra. Sin embargo, en la cultura de Sarai, la maternidad subrogada no solo era legal, sino que era una práctica común. De hecho, se han descubierto contratos matrimoniales de esa época que incluyen cláusulas de infertilidad que dan derecho al marido a una concubina si al cabo de dos años su mujer no ha dado a luz.[6]

Sarai había sido una esposa sin hijos durante mucho más de dos años, así que tal vez pensó que su plan era honorable. Es posible que incluso pensara que Dios estaría complacido. Él era quien había prometido a Abram que su descendencia sería tan numerosa como las estrellas (Génesis 15:5). Ella solo estaba proporcionando el vientre de alquiler para hacerlo realidad.

Para Sarai, esto podría borrar la vergüenza de no tener hijos, ya que cualquier hijo nacido de Agar contaría legalmente como fruto en la rama del árbol genealógico de Sarai. Si a ti (como a mí) esto te parece horroroso y quieres intervenir en la historia para proteger a la indefensa Agar, no te preocupes. Dios va a hacer eso mismo al final de Génesis 16, pero antes que frunzas el ceño frente al pecado que salpica esta página de la Biblia, permíteme advertirte sobre un peligro.

Si tú y yo miramos a Sarai y a su cultura con displicencia y desagrado, es posible que no nos veamos reflejadas en su historia. La cultura de Sarai no veía la necesidad de consultar a Dios sobre sus estrategias de poligamia, gestación subrogada forzada o esclavitud a fin de concebir un hijo. Del mismo modo, muchas culturas de hoy día no ven la necesidad de consultar a Dios sobre su estrategia de utilizar el aborto para *controlar* la natalidad. Sarai simplemente estaba cediendo a las exigencias de su cultura en particular; intentaba jugar a ser Dios y producir un bebé de su propia cosecha. No obstante, fíjate en la ironía: Dios no cede a las demandas de nadie. Él es lo suficientemente libre y poderoso para hacer lo que le plazca.

Piensa en cómo nosotras, al igual que Sarai, tendemos a concentrarnos excesivamente en nuestro pequeño mundo, indiferentes a todos los demás, cuando nos abalanzamos a tomar el control. Jugamos a ser Dios, convencidas de que no solo podemos tener el control, sino que además *deberíamos* tenerlo, pero al hacerlo, revelamos lo muy distintas de Dios que somos realmente. Dios dirige el mundo entero con amor. Es bueno, bondadoso y abnegado. (Piensa en la cruz). Su bondad se derrama en la vida de personas a las que subestimamos, y sus propósitos se extienden a personas en una línea de tiempo que ni siquiera hemos imaginado. Dios nos invita a entregarnos a sus manos buenas y todopoderosas, en lugar de confiar en nuestras manos escuálidas y controladoras.

**Menciona al menos un ejemplo actual de:**

**Personas que sucumben a las exigencias de la cultura**

Personas que intentan controlarse unas a otras

Personas que no ven la necesidad de consultar a Dios

Personas que juegan a ser Dios al reestructurar el matrimonio, la familia y los hijos

Piensa en las presiones que sientes de tu cultura. Piensa también en subculturas como tu familia, tu iglesia o tus amistades. ¿Cómo has cedido erróneamente a sus exigencias?

¿Cómo has intentado jugar a ser Dios al controlar a los demás? ¿Con quién has sido egoístamente indiferente?

## LA HISTORIA MÁS GRANDE

Muy a menudo, nuestros esfuerzos por tener el control provienen de nuestra tendencia a centrarnos en lo pequeño. Cuando Sarai intenta engrapar su propio fruto al árbol genealógico de su familia, se está centrando únicamente en su pequeña historia. La Biblia cuenta una historia que involucra a Sarai, pero que gira en torno a Dios. Tómate un momento para reflexionar en esto.

Dios prometió no solo un hijo para una pareja, sino un Salvador para el mundo. Dios mira a lo largo de la línea de tiempo hasta la cruz, donde este descendiente prometido dará su vida y se ocupará del mayor problema de la humanidad: el pecado y la muerte. ¿Ves la magnitud de lo que Dios ha prometido para el árbol genealógico de Sarai? ¿Y ves lo escuálidas que parecen las manos de Sarai cuando pretende tener un hijo por sus propios medios?

Si Dios escribiera la historia de nuestra salvación como un acuerdo transaccional (nuestro trabajo a cambio del perdón y la vida eterna) seguramente nos volveríamos autosuficientes como Sarai y engreídas como Agar. Nos centraríamos en lo que podemos y debemos hacer, no en lo que Dios ha hecho, pero Dios conocía nuestra inclinación a la autosuficiencia y el engreimiento, y por eso *solo* Él caminó por el pasillo entre las piezas de animales cortados.

Dios hace promesas. Dios cumple las promesas. Y Dios nos invita a creer que sus promesas se harán realidad, y entonces a vivir conforme a ello.

**¿En qué sentido la forma de salvación de Dios es opuesta a la transaccional? ¿Cómo lo has tergiversado para convertirlo en un acuerdo transaccional?**

---
---
---
---

**¿Qué actitud de orgullo, perfeccionismo o autosuficiencia ves en ti misma?**

---
---

**Para los cristianos, ¿por qué la autosuficiencia y el orgullo son respuestas inadecuadas?**

---

---

## ENGRAPAR EL FRUTO

Siglos más tarde, Pablo escribió una carta a los gálatas, una iglesia formada por no judíos que, sin embargo, eran "hijos de Abraham" porque tenían la fe de Abraham (Gálatas 3:7). Abraham y Sara habían esperado con fe la descendencia prometida (Jesús); los gálatas esperaban con fe a Jesús. A lo largo de su carta, Pablo habla de la salvación como una transferencia llamada "justificación", en la que Jesús se convirtió en el "pecador" para que los pecadores pudieran convertirse en los "justos".[7] ¿Y qué se necesita para que se produzca esta transferencia? Solo creer la promesa de Dios de que esto nos salvará y seremos justificados para siempre.

Los gálatas lo creyeron al principio, pero luego aparecieron los judíos (descendientes de Abraham), que decían: "Pero ¿qué pasa con todas nuestras leyes? Los *verdaderos* hijos de Abraham lo hacen mejor y se esfuerzan más". Así que los gálatas pensaron que para *seguir siendo* perdonados y *llegar a ser* justos, tenían que adoptar esta mentalidad de "hacerlo mejor, esforzarse más". Sin embargo, Pablo lo refutó categóricamente y expuso su argumento al señalar la autosuficiencia de Sara y Abraham.

**Lee Gálatas 4:22-23**

**El hijo de Agar nació como resultado de:**

---

---

**El hijo de Agar no nació (como nacerá el de Sara) por:**

---

---

**¿Cómo son los verdaderos hijos de Abraham, según Gálatas 3:7?**

_____

_____

**¿Y los que dependen de la obra de la ley? Ver Gálatas 3:10.**

_____

_____

_____

**¿Cómo somos justificados? Ver Gálatas 3:11.**

_____

_____

_____

==La fe comienza donde termina la autosuficiencia. Y la fe termina donde comienza la autosuficiencia.== Pablo estaba señalando esta realidad en la historia de Sara al mostrar que cuando ella recurrió a Agar, se apartó *de* la fe. Eligió el esfuerzo humano por encima de las promesas de Dios. Por lo tanto, el hijo de Agar era irrelevante para las promesas de Dios.

Desde el principio, Dios supo que tener un hijo no era algo que Sara pudiera hacer; Él lo planeó así. Él quería que los gálatas, nosotras y todos los demás supiéramos que la salvación no es obra nuestra, sino suya. Y lo mismo sucede con el fruto espiritual que viene *después* de nuestra salvación. Es la obra del Espíritu de Dios en nosotras, no el fruto de nuestro propio esfuerzo.

**¿Qué fruto has tratado de "engrapar" para dar apariencia de fertilidad espiritual? ¿Cuál es tu motivación para hacerlo?**

_____

_____

_____

**¿En qué se diferencia el fruto engrapado por nuestra autosuficiencia del fruto espiritual verdadero?**

_____

_____

_____

**¿Por qué el recurso de engrapar el fruto es a menudo una respuesta a la vergüenza y la insuficiencia?**

_____

_____

_____

## ENGRAPAR EL FRUTO SOBRE LA VERGÜENZA

Cuando mis hijos estaban en la escuela primaria, utilizaban una habitación del sótano para desplegar sus bloques LEGO y construir elaboradas torres. Un día les pedí que fueran a ordenar la habitación porque tendríamos visitas. Una hora más tarde, bajé a ver si habían ordenado y, en un ataque de ira, hice algo horrible. Tiré abajo la torre en la que habían estado trabajando durante meses.

Inmediatamente, mi corazón se llenó de un oscuro remordimiento. ¿Qué había hecho? Cuando los niños entraron corriendo a la habitación, sus miradas de asombro y horror aún están grabadas en mi memoria. "¡Oh, noooo!", dijeron al ver todo su trabajo desparramado en el suelo. "Chicos, lo siento mucho —les dije—. No sé por qué hice eso. Mamá lo siente muchísimo".

Mi marido, al oír el alboroto, entró también e inmediatamente dijo: "Niños, vayan al auto". Obedientemente, salieron de la habitación, luego me miró y me dijo: "Shannon, ¡tu ira está destruyendo a esta familia! Necesito que pienses en lo que estás haciendo aquí".

Me hundí en un montón de culpa y vergüenza. _¿Qué me pasaba? ¿Qué clase de madre haría algo así?_ Y ahora, ¿qué podía hacer? No había manera de deshacer el daño. Estaba sola con mi vergüenza, remordimiento y pena. ¿Y sabes cuál fue mi primera inclinación, allí en el suelo del sótano? No fue pedir ayuda a Dios. Fue ceder a la vergüenza y recurrir a la solución de engrapar el fruto. *Shannon, eres ridícula. Tienes que cambiar esto. A partir de ahora, serás la madre más amable y paciente que haya existido. Tienes que compensar lo que hiciste.*

¿Ves la progresión? Cuando me enfrenté a la vergüenza de mi pecado, recurrí a la autosuficiencia y el control. Sin embargo, acababa de demostrar lo feas que se ponen las cosas cuando soy yo quien trata de controlarlo todo. Sin la ayuda de Dios, ¡ni siquiera puedo tener dominio *propio*!

Es cierto que mi comportamiento fue vergonzoso e incorrecto, pero la solución no era engrapar el fruto. *Jesús* era la solución. Solo Dios podía salvarme del pecado, y solo Dios puede hacer crecer fruto en las ramas espiritualmente secas de mi vida. No puedo apretar los dientes y hacer crecer este fruto por mi cuenta. Jesús dijo: "Ciertamente, yo soy la vid; ustedes son las ramas… separados de mí, no pueden hacer nada" (Juan 15:5, NTV). Cultivar frutos espirituales no es un proceso en el que debamos esforzarnos más y hacerlo mejor. Es un proceso en el que debemos ceder el control a Dios, porque incluso el dominio propio es fruto del Espíritu (Gálatas 5:23, NVI).

Cuando Sarai finalmente conciba, Dios dejaría infinitamente claro que su bebé es fruto de su poder, no del poder de ella. Lo mismo ocurre con nuestro fruto espiritual. Cualquier fruto que crezca en nuestras ramas secas es evidencia del Espíritu de Dios y de su poder, no de que nosotras nos hayamos aferrado con los puños cerrados a nuestras engrapadoras.

**Repasa la lista de "obras de la carne" de Gálatas 5:19-21. ¿Cuáles son las tuyas? Pide a Dios que te traiga varios ejemplos a la mente:**

---
---
---

**Revisa la lista del fruto del Espíritu que aparece en Gálatas 5:22-23. ¿Qué elementos del fruto son los tuyos? Pide a Dios que te traiga varios ejemplos a la mente:**

---
---
---

**¿Qué quiere el Espíritu que recuerdes de ti misma en Gálatas 4:6?**

---
---
---

En la autosuficiencia, podemos ser capaces de engrapar algunos frutos hechos por nosotras mismas, que se ven bien desde la distancia. Sin embargo, quienes mejor nos conocen saben que nuestro fruto engrapado no es auténtico ni durará. El verdadero fruto se produce con el tiempo, a medida que confiamos en el Espíritu Santo para que nos transforme desde lo profundo de nuestro ser.

Imagina un árbol frutal seco que poco a poco va cobrando vida. Primero aparecen pequeños brotes verdes, luego flores y pequeñas hojas. Después de una temporada de cultivo, las ramas se llenan de frutos de colores vivos. Con los años, las raíces son más profundas y el árbol se expande. Su tronco se hace más grueso y sus ramitas se convierten en ramas robustas, cargadas de frutos. Esto es dejarse moldear por las promesas de Dios.

# LECCIÓN 3 — SEMANA 3

## MARIDO PASIVO, MUJER CONTROLADORA

En un sendero boscoso de Costa Rica, Ken y yo nos topamos con una araña viuda negra que debía de medir cinco centímetros. La araña se paralizó y nosotros también, excepto mi lengua. "¡No te muevas! Creo que debemos quedarnos quietos. ¿O correr? ¿No deberíamos salir corriendo? Quizá deberíamos lanzarle algo…".

Me estremezco al pensar en lo fácil que podría haberme precipitado y haber tenido una mala idea. Más tarde leí[8] que nunca se debe actuar precipitadamente ante este tipo de araña, lanzarle algo o intentar aplastarla (todas las ideas que se me habían pasado por la cabeza), porque probablemente vendrá contra ti. ¡Qué horror! Felizmente, parece que la araña se aburrió de la estridente expresión verbal de mis pensamientos y se escabulló hacia el bosque.

Me pareció interesante que, ante una amenaza peligrosa, yo hablara y Ken no. Fueron nuestras respuestas intuitivas. Lo mismo les ocurría a Abram y Sarai, aunque no por algo moralmente ambiguo (como aplastar o no una inmensa araña). No, la idea de la que Sarai hablaba y por la que presionaba era una que negaba las promesas que Dios había hecho. Era una mala idea, carente de fe.

**Lee Génesis 16:1-6**

**¿Quién habla más? ¿Es su tono pasivo o agresivo?**

---

---

¿Quién habla menos? ¿Es su tono pasivo o agresivo?

## ABRAM Y AGAR

Lo más probable es que Sarai conociera a Agar en Egipto, cuando fue llevada al harén del faraón. ¿Estaba Agar asignada a Sarai? ¿Le preparaba el baño y la peinaba? No lo sabemos con certeza, pero la mayoría de los comentaristas suponen que cuando Génesis 12:16 dice: "Gracias a ella [Sarai], [Faraón trató] muy bien a Abram. Le [dio] ovejas, vacas, esclavos y esclavas" (NVI), y una de esas esclavas que salió de Egipto con Abram y Sarai fue Agar.

Ahora bien, recuerda que la Biblia es descriptiva, no prescriptiva cuando indica que nuestros pioneros de la fe tenían esclavos. Dios no aprueba la esclavitud. Tampoco aprueba lo que sucede a continuación. Este es mi resumen en cinco palabras de Génesis 16:3:

> Abram se casó con Agar.

**Cuenta cuántas palabras necesita la Biblia en Génesis 16:3 para decir lo mismo:**

**¿Qué descripciones se añaden para cada persona en Génesis 16:3 y por qué?**

La Biblia utiliza todas esas palabras adicionales para proclamar en voz alta que nuestras relaciones (especialmente el matrimonio) son preciosas para Dios. Moisés (el autor de Génesis) expresó la sublime visión que Dios tiene del matrimonio en Génesis 2, cuando describió el matrimonio como un marido y una mujer que se convierten en una sola carne (Génesis 2:24). Sin embargo, en esta escena tenemos a una esposa que le sugiere a su marido que se case con otra mujer, y esa mujer no tenía opción.

Insisto, aquí la Biblia es descriptiva, no prescriptiva. Es probable que Abram y Sarai estuvieran tan influenciados por la cultura, que no tuvieran la menor idea de que añadir a Agar a su matrimonio fuera algo malo. Aun así, Moisés, el que narra esta historia, muestra su desaprobación al establecer un paralelismo entre esta escena y la de Génesis 3, donde la primera pareja es expulsada del Edén.[9] Desde su punto de vista, lo peor de la historia se estaba repitiendo.

## SARAI Y EVA

Anota el verbo de acción concreto utilizado para enlazar la historia de Sarai con la de Eva:

> **Génesis 16:2 dice: "Y Abram _____ la voz de Sarai"** (NBLA).

> **En Génesis 3:17, Dios le dice a Adán: "Por cuanto _____ _____ la voz de tu mujer…"** (NBLA).

Normalmente, pensamos que la atención en el matrimonio es buena, ¿verdad? Sin embargo, en estos dos casos, el esposo estaba escuchando a su esposa *en lugar de* poner en práctica lo que Dios había declarado. Estaba prestando oídos, no ejerciendo su rol de líder. El erudito Derek Kidner escribe: "[Abram] se había apartado de la fe, para dejarse guiar por la razón y la voz de Sarai, no por la del Señor".[10]

**Lee y compara estas dos historias:**

|  | ADÁN Y EVA | ABRAM Y SARAI |
|---|---|---|
| ¿Qué información importante dio Dios al marido (no a la mujer)? | Génesis 2:5-17 | Génesis 15:3-4 |
| ¿Qué "tomó" y "dio" la esposa? | Génesis 3:6 | Génesis 16:3 |
| ¿Qué hizo la esposa para influir en su marido? (Se deduce). | Génesis 3:17 | Génesis 16:2 |
| ¿Qué hizo el marido influenciado por su mujer? | Génesis 3:6 | Génesis 16:4 |

En ambos casos, el marido escuchaba, lo que significa que la mujer es la que hablaba. En ambos casos, había que tomar una decisión de alto riesgo, del tipo de vida o muerte, y la esposa influyó en su marido para que respondiera con autosuficiencia, no con fe. En ambas ocasiones, en lugar de hablar sobre la información directa que había recibido de Dios, el marido permaneció en silencio. En lugar de administrar las palabras de Dios que su esposa necesitaba desesperadamente que le recordara, dejó pasivamente que ella tomara el control y recibió el fruto prohibido que ella puso en sus manos.

Este patrón "esposa controladora/marido pasivo" no solo se da en las parejas bíblicas.

**Describe el efecto que tiene en un matrimonio cuando la esposa toma el control.**

---
---
---

**Describe el efecto que tiene en un matrimonio cuando el marido es típicamente pasivo.**

---
---
---

## LA CABEZA Y EL CUELLO

Hay una escena en la película *Mi gran boda griega* en que Toula llora porque no cree que su padre le permita casarse con su novio no griego. Su madre intenta consolarla y le dice que hablará con él, pero Toula, convencida de que no cederá, imita a su padre:

—El hombre es la cabeza de la familia —dice Toula.

—Déjame decirte algo, Toula —le responde su madre—. El hombre es la cabeza, pero la mujer es el cuello, y ella puede girar la cabeza de la forma que quiera.[11]

Creo que todas nos reímos de esta escena porque sabemos que tiene algo de verdad. Como esposa, tengo maneras de ser "el cuello". Sé cómo manipular, discutir, humillar y degradar a mi marido para salirme con la mía. Sé que la mayoría de las veces, cuando tomo las riendas, mi marido no luchará conmigo por ellas. Es el mismo patrón que acabamos de ver en las historias de Eva y Sarai.

Entonces, ¿por qué no debería una esposa seguir adelante y ser el cuello (o incluso la cabeza) en su matrimonio? ¿Por qué no debería tomar el control?[12] La idea de que los maridos deben liderar no es muy popular, pero quiero que veas de dónde viene.

Pablo, el autor de Efesios, cita el primer matrimonio de Génesis 2–3 como base para su cándida instrucción sobre este tema (Efesios 5:31). Veamos ambos pasajes:

|  | **ADÁN Y EVA** |
|---|---|
| ¿A quién formó Dios primero? ¿Cómo formó al segundo ser humano? Génesis 2:7, 22 | |
| ¿Quién recibió directamente la advertencia, y qué implica esto? Génesis 2:15-18 | |
| ¿A quién pidió cuentas Dios primero, y qué implica esto? Génesis 3:9 | |
| ¿Quién puso nombre a quién y qué implica esto? Génesis 3:20 | |
| ¿Estás convencida de que Dios eligió a Adán como líder? ¿Por qué sí o por qué no? | |

| ¿Qué instrucciones se dan... Efesios 5:22-32 | a los maridos? | a las esposas? |
|---|---|---|
| | | |

| ¿Estás convencida de que Dios eligió a los maridos para ser líderes? ¿Por qué sí o por qué no? |
|---|
| |

## LA METÁFORA Y EL MISTERIO DEL MATRIMONIO

Si tiro al piso mi anillo de boda y lo dejo rebotar como una baratija sin valor, no solo le estoy faltando el respeto al anillo, que tiene valor por sí mismo, sino también a mi matrimonio, que el anillo simboliza. Del mismo modo, si soy negligente o contenciosa en mi matrimonio, no solo le estoy faltando el respeto al matrimonio, que tiene valor por sí mismo, sino también a la relación a la que el matrimonio simboliza.

El matrimonio siempre ha sido algo más que un matrimonio. Simboliza algo más. Pablo, el autor de Efesios, desvela el misterio (Efesios 5:23) y explica que el matrimonio pretende ilustrar el amor de Dios por nosotros. Una de las razones por las que Dios creó al novio y la novia y el matrimonio fue para poder señalarlo y decir: "¿Ves eso? Jesús te ama como un novio ama a su novia".

Cuando nos casamos, Pablo explica que participamos en la recreación de la historia del evangelio de Cristo y su Iglesia. Sin embargo, ¿te das cuenta del potencial que tenemos de arruinar y distorsionar el evangelio? Cuando una esposa manipula, menoscaba o pelea con su marido, o cuando un marido maltrata a su mujer o es indiferente a su pecado, se falta el respeto al matrimonio y se distorsiona la gran historia que este simboliza. Por eso, en Efesios 5, Pablo nos enseña a realinear nuestro matrimonio con la hermosa historia del evangelio de Dios. Los maridos recrean la historia al amar abnegadamente a sus esposas. Las esposas recrean la historia al sujetarse a sus maridos (Efesios 5:22, 25).

**Describe la boda más dulce que hayas presenciado (o visto en una película). ¿Cómo te ayuda esto a entender el amor de Cristo por ti?**

___

**Lee Efesios 5:22-32.**

**Busca la razón por la que Cristo se entregó por su novia:**

___

**¿Qué lava a la novia (v. 26)?**

___

## SUMERGIRSE EN LAS PROMESAS

La Palabra de Dios es como una bañera llena de agua. Recordar lo que Dios ha dicho es como bañarse en sus promesas. Sumergirse en la Palabra de Dios es limpiar nuestras motivaciones y purificar nuestros pensamientos. Y, según Efesios, la responsabilidad del marido es "preparar el baño", por así decirlo. Debe recordar a su esposa las instrucciones y promesas de Dios, que renuevan su fe.

¿Y si Adán se hubiera interpuesto valientemente entre su mujer y la serpiente? ¿Y si Abram se hubiera interpuesto valientemente entre Sarai y Agar? ¿Y si estos maridos hubieran renunciado a la pasividad y hubieran hablado? Habían recibido las palabras de Dios, que tenían enormes implicaciones para sus familias.

Ahora bien, ninguno de los esposos conocía todos los detalles. En el caso de Abram, Dios aún no había declarado explícitamente que tendría un hijo con Sarai. (Lo hará en Génesis 17:21). No obstante, a medida que vemos cómo se desarrolla la historia de Abram, vamos entendiendo lo que significa caminar por fe, no por vista. A menudo, Dios pide a los suyos que avancen sin tener toda la información, no confiando en sí mismo, sino en dependencia de Dios, repasando lo que Él *ha dicho* y prometido.

Cuando un esposo conduce valientemente a su esposa a la Palabra y las promesas de Dios, la ayuda a lavar su orgullo y autosuficiencia y la invita a la fe. Los maridos deben liderar de esta forma, y las esposas deben permitir que lo hagan, o quizás incluso invitarlos a hacerlo.

## DEJA DE HABLAR

He enseñado lo suficiente sobre este tema para saber que en el momento en que digo que los maridos deben liderar, habrá una esposa que exprese: *"¡Pero él no va a liderar!"* o *"¡Él no quiere hacerlo!"*. Y la entiendo. Mi matrimonio tiende naturalmente al patrón "marido pasivo/esposa controladora".

No solo *quiero* tomar el control, sino que me convenzo de que *debo* hacerlo. Me siento justificada para quitar las riendas de las manos de mi marido, especialmente cuando alguien se equivoca, alguien va a salir herido o alguien no asume su responsabilidad. Es en momentos como estos cuando (como Eva y Sarai antes que yo) quiero que Ken "escuche la voz de Shannon". Quiero que haga lo que *yo* digo. Sin embargo, así solo abro la puerta para la tensión y los conflictos.

Amiga, sin importar si crees o no en las distinciones de roles maritales, llegarás a la misma conclusión. Cuando una esposa intenta hablar por encima de su marido o desestima lo que dice su marido e insiste en que haga lo que ella quiere, ¿no acaba por romper la igualdad? Hay momentos en los que me parece *correcto* levantar la voz y usar palabras contenciosas para conseguir que mi marido me escuche. Sin embargo, para liderar bien, mi marido necesita escuchar a Dios, no a mí. Lo que significa que tengo que dejar de hablar.

Permíteme darte un ejemplo reciente para ilustrarlo.

## INVÍTALO A LIDERAR

Ken y yo íbamos en el auto a encontrarnos con uno de nuestros hijos adultos para comer cuando le pregunté:

—¿Piensas hacer esas preguntas que sugirió Daryll?

—Shannon, siempre eres tan insistente. ¿Necesitamos una agenda? Solo vayamos a almorzar con nuestro hijo —respondió.

Tenía razón; suelo moverme con una agenda. Mis grandes esperanzas para nuestros hijos suelen ir acompañadas de grandes preocupaciones. Me apresuro a sacar conclusiones, me preocupo y vuelvo a poner sobre mis hombros la carga del control, convencida de que debo hacer que todo salga bien. Mi marido me recuerda muchas veces que debo confiar en Dios, no en mí misma. No obstante, aun así, las preguntas de Daryll eran útiles, y no estaba mal que yo las sugiriera, de hecho, al hacerlo con antelación, estaba invitando a Ken a liderar. Así que en respuesta a su recordatorio de que no necesito imponer mi agenda en cada conversación, le dije:

—Lo tendré presente, y *te apoyaré hagas lo que hagas*. Solo quería recordarte las preguntas de Daryll porque me parecieron buenas.

—¿Cuáles eran esas preguntas? —indagó.

Ken acabó por utilizar las preguntas, lo que dio lugar a una conversación productiva. ¿Y ves cómo mi decisión lo hizo posible? Le dije que lo apoyaría hiciera lo que hiciera. Le expresé sinceramente lo que pensaba y luego lo invité a liderar.

He hecho lo contrario más veces de las que puedo contar. He sido una esposa prepotente, degradante y discutidora, aferrada al control con exigencias a ultranza. Y, como en la historia de Sarai y Eva, esto me ha traído mucho dolor. En cambio, cuando mi matrimonio sigue el diseño de Dios, experimento libertad y plenitud.

Y si Eva hubiera dicho: "Adán, te apoyaré digas lo que digas. ¿No piensas que deberíamos comer de este fruto?". Y si Sarai hubiera dicho: "Abram, te apoyaré digas lo que digas. ¿No piensas que Agar es la solución?". Y si tú o yo dijéramos a nuestros maridos: "Te apoyaré digas lo que digas. ¿No piensas que deberíamos...?". Cuando una esposa invita a su marido a liderar, lo invita a considerar la voz de Dios y no solo la voz de ella.

**Como esposa, ¿qué ocasiones has intentado controlar? ¿En qué situación has estado más empeñada en que tu marido te escuche a ti y no a Dios?**

---
---
---

**¿Cómo invitarás a tu marido a liderar? ¿Cómo mostrarás tu apoyo cuando él lidere?**

---
---
---
---

**¿Cómo apoyarás a los esposos que lideran en otros matrimonios en los que tienes influencia?**

---
---
---
---

**¿Con qué dos situaciones Santiago compara la lengua en Santiago 3:3-5? ¿En qué relación o entorno te está pidiendo Dios que dejes de hablar para que otros puedan ser dirigidos por Dios (no por ti)?**

---
---
---
---
---
---
---
---
---

# LECCIÓN 4 — SEMANA 3

## SEÑALAR CON EL DEDO, ACUSAR A OTROS

Tuvo que ser incómodo. ¿Salió Sarai por completo de la tienda de Abram? ¿Le prestó un camisón a Agar? ¿Le repugnaba a Agar la idea de compartir la cama de su amo de ochenta y cinco años?

Sean cuales sean los detalles, Agar quedó embarazada. Y entonces empezaron a temblar los cimientos sobre los que se asentaban las relaciones de este hijo que aún estaba por nacer. Sarai había estado muy desesperada por la honra que creía que este hijo le traería, pero cuando Agar no menstrúa, todo se tambalea en una dirección que Sarai no esperaba.

**Lee Génesis 16:4-5.**

**¿Qué lenguaje corporal podría haber utilizado Agar para comunicar lo que dice el versículo 4?**

_____

_____

**¿Cómo empezó Agar a ver a Sarai de manera diferente? ¿Cómo implica esto que Agar se ve a sí misma de manera diferente?**

_____

_____

**Considera la reacción de ambas mujeres. ¿Qué puedes concluir acerca de su perspectiva de la maternidad y de este embarazo?**

_____

_____

**¿A quién acude Sarai (v. 5)? ¿Qué tono y comportamiento dejan ver sus palabras?**

_____

_____

**Compara lo que el narrador informa sobre Agar con lo que Sarai informa (vv. 4-5).**

**¿Es exacto el informe de Sarai?**

_____

_____

**¿Es acertada su valoración de quién tiene la culpa? ¿Por qué sí o por qué no?**

_____

_____

_____

**¿Entre qué dos personas Sarai pide a Dios que juzgue (v. 5)?**

_____

**¿Qué relevancia tiene Proverbios 30:21-23?**

_____

_____

_____

Cuando Génesis 16:4 señala que Agar miraba a Sarai con desprecio, el texto dice literalmente "su ama le parecía poca cosa".[13] ¿Ves lo que está pasando? Parece que Agar también reconoce este embarazo como un gran pilar, solo que ella se ve a *sí misma* como en un lugar superior. Ella es la que lleva al hijo de Abram. Ha logrado lo que Sarai no pudo. Desde lo alto del pedestal de su embarazo, Sarai parece insignificante y pequeña.

## EL COSTO DE TENER EL CONTROL

Siento mucha compasión por Sarai cuando se enfrenta a la desgracia de esta situación que va tomando forma ante sus propios ojos. Vio a Agar como la solución; pensó que este bebé le serviría para salir del pozo de su vergüenza. Sin embargo, pisotear a los demás (aunque sea culturalmente aceptable) para enaltecerse nunca es la solución. Jesús enseñó que "cualquiera que se enaltece, será humillado" (Lucas 14:11), y eso es lo que veo que sucede.

Cuando Sarai trata de jugar a ser Dios y mover a las personas como piezas de ajedrez hacia las camas que convenían a sus propósitos, no calculó el costo.

La Biblia señala que Sarai dijo a Abram: "yo te di mi sierva por mujer" (Génesis 16:5), pero el eufemismo hebreo que utilizó era más burdo que eso. Es una insinuación sexual que se traduce "puse a mi sierva en tu regazo".[14] ¿Notas el profundo dolor, la vergüenza y la humillación que brotan de las palabras de Sarai? Considera el cúmulo de emociones con el que está lidiando:

| QUÉ PASÓ | CÓMO SE SENTÍA SARAI AL RESPECTO |
|---|---|
| Sarai dio a Agar como esposa a Abram. | |
| Agar es evidentemente fértil. | |
| Abram tiene ahora el hijo que tanto había deseado. | |
| El linaje de Abram continuará sin la ayuda de Sarai. | |

| | |
|---|---|
| Abram no es estéril. Está confirmado. | |
| Agar mira a Sarai con desprecio. | |
| El plan de Sarai para recibir honra le trajo consecuencias. | |

Todo esto tiene un alto costo para Sarai. Ha pasado de la humillación pública a la desgracia personal. ¿Y está Abram *disfrutando* de este nuevo acuerdo a costa de ella? Agar parece estarlo.

Cuando Sarai habla de la "afrenta" que se le ha hecho (Génesis 16:5), la palabra que utiliza es violencia. Kent Hughes señala: "Su alma se sintió como si hubiera sido víctima de un homicidio".[15] ¿Y quién murió? Sarai la Grande. Sarai la Madre. Sarai la Esperanzada.

Sarai siente que todos los paréntesis de promesas de Dios se cierran, y ella se queda fuera y lamenta lo que nunca será. Esto no es cierto, por supuesto. No podemos confiar en que nuestras emociones cuenten la historia completa.

¿Y si Sarai hubiera confiado en la palabra de Dios? ¿Y si se hubiera empapado de las promesas para ayudar a apaciguar sus emociones? En lugar de eso, Sarai hizo lo que solemos hacer cuando perdemos el control: llevó su ira a alguien sobre quien tenía influencia y le exigió respuestas.

## LAS ACUSACIONES DE SARAI

**Génesis 16:5, cuando Sarai descarga sus acusaciones contra Abram, parece un juicio. Fíjate bien en las palabras de Sarai y en las implicaciones que hace. Según Sarai, ¿quién es...**

… la víctima? _____

… el responsable del sufrimiento de la víctima? _____

… el autor? _____

… el malhechor o delincuente? _____

… el juez supremo? _____

… la parte inocente? _____

… el culpable y responsable? _____

¿A quién consideras tú la mayor víctima?

_____
_____
_____

Dado que Abram es quien toma las decisiones, desempeña el papel de "juez de distrito", pero parece carecer de la sabiduría y la compasión necesarias para el cargo. Me lo imagino en un sillón reclinable, apenas levanta la vista de su material de lectura, mientras Sarai se lanza a presentar su caso.

**¿Cuál es la "sentencia" de Abram en Génesis 16:6?**

_____
_____
_____

**¿Qué hace Sarai después?**

_____
_____
_____

Compara las respuestas de Abram a Sarai en Génesis 16:2 y 16:6. Elige la palabra correcta.

>  En 16:6, Abram es más | igualmente | menos pasivo.

Compara las acciones de Sarai en Génesis 16:2 y 16:6. Elige la palabra correcta.

>  En 16:6, Sarai es más | igualmente | menos controladora.

## EVALUACIÓN DE LOS PERSONAJES

En una buena historia, vemos a los personajes desarrollarse y crecer, pero en esta, Abram y Sarai están estancados en su patrón de "esposa controladora/esposo pasivo". Cuando Sarai pierde el control, intenta frenéticamente recuperar su dignidad al señalar con el dedo y asumir el papel de juez en el lugar de Dios.

Ella es la víctima. ¡Mira todo lo que ha perdido! Esto convierte a Abram en la parte culpable, ¿verdad? Sin embargo, Sarai no considera una tercera posibilidad: ¿Y si tanto ella como Abram están equivocados?

Evalúa a cada uno de los personajes de nuestra historia, utilizando los rasgos de carácter de Gálatas 5:19-26.

|  | NOBLE, buenas cualidades de carácter | HIRIENTE, malas cualidades de carácter |
|---|---|---|
| Abram |  |  |
| Sarai |  |  |
| Agar |  |  |

¿Te quedaron algunos espacios vacíos en esa primera columna? Amiga, esta historia no tiene ningún héroe. Cuando Sarai arremete contra Abram, solo revela su ceguera a lo equivocada que ha estado.

Nadie en esta historia se está dejando moldear por las promesas de Dios. Nadie se está empapando de la bondad de la fidelidad de Dios. Todos actúan como si no hubiera promesas y como si Dios no hubiera declarado: "Te bendeciré". Y todos pagan el precio.

**Lee Santiago 4:1-3. ¿Cuál es la causa del conflicto entre Sarai y Abram, según este pasaje?**

---
---
---

**Basada en estos versículos, ¿qué consejo le darías a Sarai en este momento?**

---
---
---

**¿Qué conflicto estás experimentando tú? ¿Cómo podrías tomar para ti el consejo que le diste a Sarai?**

---
---
---
---

## LA PROGRESIÓN DEL CONTROL

Cuando Sarai increpa a Abram con improperios y su dedo acusador, quiere seguridad y garantía. Necesita que su líder la guíe y la proteja. A fin de cuentas, quiere el control de una situación fuera de su control.

¿Puedes ver el patrón? Cuando Sarai regaña a su marido, este vuelve a la respuesta menos satisfactoria de todas: la pasividad.

"Haz con ella lo que bien te parezca", dice Abram (Génesis 16:6). Se aferra a otra ley cultural que establece que una concubina que reclama igualdad con su ama después del embarazo puede ser degradada a su antiguo estado (esclava).[16] La pasividad de Abram solo desvía la furia de Sarai en una nueva dirección. La pobre Agar no tenía defensa contra la furia de la herida y frustrada Sarai.

Fíjate bien en la progresión del control y a dónde conduce. Primero Sarai trató de tomar el control al engrapar su propio fruto en su árbol genealógico. Sin embargo, perdió el control cuando se sintió humillada por Agar en vez de sentirse honrada. Luego intentó controlar a su marido y obligarlo a liderar responsablemente, pero él no quiso ejercer su influencia y Sarai perdió el control de lo único que le correspondía controlar: ella misma.

Había muchas cosas aquí que Sarai no podía controlar, pero ¿no podría haber controlado sus palabras? ¿Su ira? ¿Su mente? ¿Su corazón? Llevaba diez años viviendo como forastera en una tienda, esperando a que Dios cerrara el paréntesis (Hebreos 11:13-16). ¿Y si hubiera decidido esperar diez años más? ¿Qué sufrimiento innecesario podría haber evitado y prevenido? Es una pregunta valiosa que nosotras también debemos hacernos.

## CONTENERSE Y DOBLEGARSE

La entrega a Dios implica la doble acción de "contenerse y doblegarse". En primer lugar, contenemos nuestras emociones para tomar la responsabilidad de nosotras mismas y ejercer adecuadamente la influencia que tenemos sobre los demás. En segundo lugar, nos doblegamos y nos rendirnos a Dios.

**¿Qué has estado tratando de controlar que no puedes?**

-------

-------

-------

**Examina tu corazón en busca de cualquiera de las siguientes cosas que están arraigadas en el deseo de tener el control. Pide ayuda a Dios y anota lo que te muestre.**

Ira latente _____

Celos _____

Inseguridad _____

Usar a otras personas para beneficio propio _____

Desesperanza _____

Rabia _____

Perfeccionismo _____

**¿Cómo puedes "contenerte y doblegarte" en esta situación? ¿Cómo dejarás que Dios sea Dios en tu vida?**

_____
_____
_____
_____
_____

## QUÉ HACER CON LA VERGÜENZA

**Añade los nombres de los personajes en lugar de los pronombres en Génesis 16:6:**

Y como _____ la afligía, _____ huyó de _____ presencia.

Detesto esta escena en la que una mujer abusa de su poder y maltrata físicamente a otra. Detesto que esté incluida en la Biblia, pero también estoy muy agradecida. ¿Por qué? Porque tengo mis propias escenas de conductas vergonzosas; hay veces en que mi nombre podría ir en esos espacios en blanco. Miro hacia atrás a las ocasiones en las que he descargado mi ira y dolor al tratar de controlar a alguna persona que amo o algún resultado sin el que no podía vivir, y me arrepiento con profunda pena y pesar.

¿Tú también tienes momentos vergonzosos de los que te arrepientes? ¿Qué debemos *hacer* con la vergüenza?

Recuerdo una noche en particular que estuvo repleta de pecado en casa de la familia Popkin. Yo había estado enfrascada en un proyecto, la cena se había retrasado y todos estaban hambrientos, malhumorados y de mal genio. A eso de las ocho, Ken dio la orden de que todos se fueran a la cama.

—¿No vamos a tener el devocional bíblico? —le pregunté mientras sacaba el libro del evangelio que habíamos estado leyendo con los niños.

—Esta noche ha sido horrible. Lo último que quiero hacer es hablar del evangelio —respondió Ken.

—¿Pero no acabamos de demostrar todos lo desesperadamente que lo necesitamos? —le dije.

Aceptó a regañadientes y reunimos a los niños en la sala de estar, donde Ken utilizó una ilustración sobre nuestras pesadas mochilas llenas de pecado, que solo pueden vaciarse en la cruz. Aquella fue la noche en que nuestro dulce hijo de siete años, Cade, entregó su vida a Jesús.

Amiga, lo mejor que pueden hacer las personas pecadoras y llenas de vergüenza es correr hacia la cruz. ¡Correr hacia el evangelio, cada día y cada hora! Cuanto más brutalmente sinceras seamos acerca de nuestra conducta vergonzosa y ansiosa de tener el control, más relevantes serán las promesas de Dios.

La historia de Sarai y Agar enmarañada por celos, egocentrismo, control, codicia, abuso, insensibilidad y violencia nunca debería haber ocurrido, pero ocurrió. Y cada detalle (tanto en esta historia como en la de nosotras) muestra nuestra desesperada necesidad del evangelio. Nuestra única esperanza es la historia que Dios estaba escribiendo cuando prometió un hijo a Abram y Sarai.

## UNA MADRE PECADORA

Tómate un momento más y siéntate entre los israelitas del desierto y considera esta historia a través de sus ojos. Habían soportado siglos de esclavitud. Los egipcios los trataron tan duramente que, como Agar, tuvieron que huir.

Y aquí estaban, como prueba de que Dios cumple sus promesas. De su linaje nacería el prometido descendiente y Salvador del mundo. Sin embargo, esta historia lo deja claro: Dios no los eligió por su vida recta. Su *antepasada*, de entre todas las personas, había sido tan dura y abusiva como los amos en su esclavitud. ¿Qué significa esto para los israelitas del desierto y para nosotras?

Las promesas de Dios no dependen de nuestra capacidad de no pecar; las promesas de Dios son una *respuesta* a nuestro pecado. Sarai solo estaba confirmando (junto con el resto de la humanidad) lo mucho que ella también necesitaba la descendencia y el Salvador prometidos. Hemos pasado por algunas escenas desagradables de la vida de Sarai y, sin embargo, no hemos visto a Dios eliminar a Sarai de la historia. Solo lo veremos cumplir fielmente sus promesas.

Ahora bien, la historia de Sarai nos ofrecerá muchas consecuencias que evitar, pero ella no frustró ni *pudo* frustrar los planes del Dios que dice: "Te bendeciré". Tú tampoco puedes. Una de nuestras promesas más preciosas es que Dios nos hará justas como Él. ¡Oh, cuánto anhelo ese día!

**Menciona brevemente un pecado que no has logrado soltar o por el que más te avergüences. ¿Tiene algo que ver con tener el control?**

**En Cristo, ¿qué es cierto de ti, según 2 Corintios 5:21?**

**Escribe 2 Timoteo 2:13 en primera persona.**

Si fuera...

# LECCIÓN 5 — SEMANA 3

## CONSIDERA LA FIDELIDAD DE DIOS

Consulta la línea de tiempo de la página 17 y añade el título de cada capítulo a continuación:

**Génesis 12:** _____

_____

    **La edad de Sarai:** _____

**Génesis 15:** _____

_____

**Génesis 16:** _____

_____

    **La edad de Sarai:** _____

Durante esos diez años, nuestra pionera en la fe vive más bien como alguien que ha abandonado ese camino. Sin embargo, esta parte de su historia nos da la oportunidad de considerar y apreciar la fidelidad de Dios a pesar de nuestra falta de fe.

## *RESUME*

Resume la historia del plan de Sarai para engrapar el fruto en su árbol genealógico e incluye estas citas:

"Ya ves que Jehová me ha hecho estéril" (Génesis 16:2).

"Ve y acuéstate con mi esclava Agar. Tal vez por medio de ella podré formar una familia" (Génesis 16:2, NVI).

"Mi afrenta sea sobre ti" (Génesis 16:5).

"Haz con ella lo que bien te parezca" (Génesis 16:6).

## *REFLEXIONA*

Repasa algunos puntos clave de la semana y reflexiona sobre cómo Dios te invita a responder.

Sarai se impacientó. No quería esperar a que Dios produjera el fruto en su rama seca. Sin embargo, ya sea en los árboles frutales o en los árboles genealógicos, Dios hace crecer el fruto. Él es el Creador. Cualquier forma de fruto es un don que viene de Él.

**¿En qué situaciones has intentado "engrapar un fruto" de tu propia cosecha, y por qué? ¿En qué son incompatibles la autosuficiencia y la fe?**

_____

_____

_____

**¿Qué fruto espiritual ves en tus propias ramas? (Consulta la lista de Gálatas 5:22-23). ¿De qué manera es esto un resultado de la fidelidad de Dios hacia ti?**

_____

_____

_____

Sarai hablaba y Abram escuchaba, no a Dios, sino a ella. Como esposas, a veces necesitamos dejar de hablar para que nuestros esposos puedan escuchar a Dios.

**¿De qué has intentado convencer a tu marido (o a otra persona)? ¿Sobre qué vas a dejar de hablar y empezar a orar?**

_____

_____

_____

**Aporta distintas ideas sobre cómo puedes apoyar a los maridos que lideran a sus familias (ya sea la tuya o la de otra persona). Te daré un par de ejemplos para comenzar.**

    **Decirle a mi marido: "Te apoyaré sea lo que sea".**

    **Preguntarle a mi amiga: "¿Qué piensa tu marido?".**

_____

_____

_____

_____

Sarai estaba tratando de destacarse al tener un hijo, pero las cosas se tambalearon en la dirección opuesta cuando Agar la humilló. Entonces, cuando Abram se mostró pasivo, Sarai descargó su ira contra Agar y perdió el control de la única persona a la que podía controlar: ella misma.

**¿De qué manera tus intentos de destacarte te han hecho tambalear en la dirección contraria?**

_____

_____

_____

**Anota cualquier caso reciente de ira, rabia, amargura, perfeccionismo, ansiedad o miedo. ¿De qué manera cada uno de ellos es el resultado de intentar controlar algo que no puedes controlar?**

_____

_____

_____

¿Cómo te está pidiendo Dios que te "contengas y doblegues" al menos en una situación?

___

## *REPASA*

Aunque Sarai lanza improperios y manifiesta su ira y rabia en su orgullo herido, sorprendentemente, no es descalificada de las promesas de Dios. Solo demuestra cuán desesperadamente necesita al Salvador que Dios le ha prometido.

¿En qué sentido es esta parte de la historia de Sarai una advertencia contra la autosuficiencia y el deseo de tener el control? ¿De qué manera destaca esta historia la fidelidad de Dios?

___

¿Te dejarás moldear por las promesas de Dios? Elige una promesa significativa de la página 289, junto con un versículo para memorizar. Escríbelos a continuación.

___

**SEMANA 4**

# Esperanza renovada

**SEMANA 4**  LECCIÓN 1

# Esperanza renovada

## NOMBRES NUEVOS

Cuando mi hija Lindsay tenía dos años, mi madre la llevó a una tienda para recoger un pedido. La mujer del mostrador le preguntó el nombre a mi mamá, a lo cual respondió: "Judie". Entonces Lindsay tomó la cara de mi mamá con sus manos regordetas y le preguntó, incrédula: "¿Te llamas *Judie*?".

Lindsay no podía entender que su *"Mamaw"* tuviera un nombre del que nunca había oído hablar.

Al sumergirnos otra vez en la historia de Sarai, Dios va a volver a presentarse a Abram con otro nombre y a revelar también un nombre nuevo para Abram y Sarai.

## EL DIOS QUE VE

Han pasado ya trece años desde que Sarai trató a Agar con tanta dureza que esta huyó al desierto. Han pasado trece años desde que Dios se encontró allí con Agar y mantuvo una conversación con ella. Lamentablemente, no tendremos tiempo para estudiar en detalle la historia de Agar en el desierto (¡se merece un estudio propio!), pero veamos su vida a través de los ojos de Sarai.

**¿Qué le dijo Dios a Agar en Génesis 16:10?**

---

---

---

¿En qué se parece a lo que Dios le dijo a Abram en Génesis 15:5?

¿Quién se menciona y quién no se menciona en el nacimiento de Ismael en Génesis 16:15? ¿A qué crees que se debe?

¿Habría presumido Sarai de que el hijo de Agar era el hijo prometido por Dios? ¿Por qué sí o por qué no?

¿Cómo describe Dios en qué se convertirá Ismael en Génesis 16:12 (NVI)?

Imagina a Ismael, de trece años, cuando comienza a reflejar esa descripción. ¿Cómo pudo afectar eso a Sarai?

Cuando Dios se encontró con Agar en aquel pozo, le prometió que su hijo crecería como un asno salvaje. Los asnos salvajes no están atados; son libres, así que puedes imaginar la esperanza que esto le dio a Agar. Después, Agar llamó a Dios "El Roí", o "el Dios que me ve", y parece que volvió y habló de eso, porque el pozo recibió el nombre de su encuentro (Génesis 16:14).

¿Cómo crees que se sintió Sarai ante el encuentro de Agar con "El Dios que me ve"? Tal vez se sintió culpable al considerar que Dios la veía. Sarai había utilizado a Agar y luego la había maltratado duramente, pero Dios trató a Agar con ternura y le prometió más descendencia de la que pudiera contar.

Mientras Sarai veía a Ismael convertirse en un adolescente que recordaba a un asno salvaje, parecía que estaba siendo ignorada y olvidada. Parecía que la historia había continuado sin ella. Sin embargo, Sarai aún tenía mucho que aprender sobre el Dios que declara: "Te bendeciré".

## UNA NUEVA PRESENTACIÓN

**Lee Génesis 17:1-8.**

**¿Qué nombre nuevo le da Dios a Abram? ¿Puedes averiguar qué significa ese nombre?**

_____

_____

**Enumera brevemente las cosas que Dios dice que hará:**

    **Pondré mi pacto entre** _____

    **Te multiplicaré** _____

        **Y** _____

    **Haré naciones de ti y** _____

    **Estableceré mi pacto entre mí y** _____

    **Te daré a ti y a tu descendencia** _____

**Marca con una cruz cualquiera de estas cosas que sucederá en las generaciones futuras, después que Abram haya muerto.**

## CUANDO CREES QUE DIOS NECESITA AYUDA

Supongamos que mi marido va a mover un objeto que pesa veinte kilos y yo le digo: "Oh, cariño… eso pesa mucho. ¿Quieres que llame a alguien para que te eche una mano?". Peor aún, supongamos que yo intento moverlo *por* él. Me diría: "¿No crees que puedo mover veinte kilos?". Y luego: "Si es así, ¿por qué crees que necesito ayuda?".

Al tratar de "ayudar a Dios", Abram (y Sarai) han tratado a Dios como si necesitara ayuda, de modo que Dios está allí para aclarar las cosas. Me parece oír un tono de corrección cuando Dios dice a Abram: "Yo soy el Dios Todopoderoso; anda delante de mí y sé perfecto". Él sabe que no podemos dejarnos moldear por las promesas de un Dios que creemos que necesita nuestra ayuda.

El Dios que declara "Te bendeciré" le recuerda a Abram las promesas de su pacto (específicamente las que cumplirá con los descendientes de Abram en los siglos venideros) mucho después de que Abram tenga posibilidades de "ayudar". La realidad es que Dios es capaz de cumplir lo que ha prometido por los siglos de los siglos.

## NOMBRES NUEVOS

Dios no solo se presenta con su propio nombre nuevo, sino que también da nombres nuevos a Abram y Sarai. En Occidente no le damos tanta importancia al significado de un nombre, pero en Medio Oriente el nombre es aquello que llegarás a ser. Oí hablar de un guía turístico en Israel cuyo nombre significaba "generoso", que dijo: "Siempre estoy buscando maneras de ser generoso y hacer honor a mi nombre".

**Lee Génesis 17:3-6.**

**¿Cómo haría Abram honor al significado de su nuevo nombre (v. 5)?**

---

---

---

¿Cuántos años tiene Abram (aproximadamente) en este momento? Consulta la línea de tiempo de la página 17.

___

¿Qué nueva información da Dios sobre la descendencia prometida en los versículos 6 y 16 del capítulo 17?

___

___

Lee Génesis 17:15-16.
¿Qué nuevo nombre y qué nueva información da Dios sobre Sarai?

___

___

En Mateo 1:2-16, ¿cómo comienza y termina Mateo su genealogía? ¿Cómo enfatiza este hecho la importancia de la descendencia de Sara?

___

___

¿Qué rey se menciona en la genealogía?

___

Dios añade la letra hebrea *"he"* (ה, que suena como "je") a los nuevos nombres de Sara y Abraham (en hebreo). Algunos rabinos enseñan que Dios está soplando su poder creativo sobrenatural en los nombres de Abraham y Sara[1] (como en Salmos 33:6 [NVI] cuando hizo los cielos "por el soplo de su boca").

Abram significa, "padre exaltado". Abraham significa, "padre de naciones". A su primer nombre le "hacía honor" sin ayuda externa. Después de todo, Ismael lo llamaba "padre" o "papi", ¿no es cierto? Ahora… ¿padre de naciones? Abraham no podía llegar a ser como su segundo nombre sin la ayuda de Dios.

Tanto Sarai como Sara significan "princesa". Las princesas reales son las que se convierten en madres de reyes, ¿verdad? Desde el principio, Dios supo que Sarai no solo se convertiría en madre, sino también en la madre del linaje del cual vendría Jesús, el Rey de reyes.

Con estos nuevos nombres, Dios estaba indicando que se avecinaba un cambio. Y fíjate: Sara es parte de él.

Durante los últimos trece años, Sara nunca ha sido excluida de los planes de Dios. No ha sido ignorada ni olvidada; solo que ella *pensaba* que lo había sido. Desde el principio, Sara ha estado incluida entre los paréntesis de Dios como una princesa, madre de reyes.

# SEMANA 4    LECCIÓN 2

## CUANDO DIOS VINO A COMER

Seguir a Dios es una actividad de grupo; nos necesitamos unos a otros en este camino de la fe. Sin embargo, respondemos a Dios de forma individual, en esos dulces momentos en los que el Dios del universo se sienta con nosotras y nos invita a la fe. La lección de hoy es acerca del momento cuando Sara escuchó directamente a Dios.

## EL HOSPITALARIO ABRAHAM

**Lee Génesis 18:1-8.**

**Busca varios verbos que describan las acciones de Abraham. ¿Cuál es su actitud hacia los visitantes?**

_____

_____

_____

**¿Crees que Abraham sabe que se trata del Señor? Apoya tu respuesta con el texto.**

_____

_____

_____

Mientras Abraham disfruta de su siesta de mediodía, de repente llegan tres visitantes. Al parecer, pueden distinguir cuál es la tienda del jefe del clan y, al acercarse, indican su deseo de que Abraham los invite a comer.[2] Abraham los saluda y se da prisa con los preparativos, luego les sirve la comida bajo un árbol. Abraham reconoció claramente que se trataba de huéspedes honorables. Solo que no sabía cuán honorables eran, hasta que algo dijeron en la mesa.

## UNA CONVERSACIÓN DE SOBREMESA

**Considera el diálogo de Génesis 18:9-10.**

**¿Qué le preguntaron los visitantes a Abraham y por qué es sorprendente esta pregunta (v. 9)?**

**¿Quién habla en el versículo 10? ¿A quién?**

**¿Qué hace Sara (v. 10)?**

**¿Cómo se compara la promesa del visitante en el versículo 10 con la promesa dada a Abraham en Génesis 17:21?**

**¿Cuánto tiempo crees que pasó entre estas dos promesas y por qué?**

## UNA FECHA LARGAMENTE ESPERADA

Imagínate a alguien de ochenta y tantos años que diga: "Espero un bebé". Podrías pensar que necesita un examen cognitivo, ¿verdad? Por esta razón, dudo que Abraham y Sara hablaran públicamente de su esperanza de tener un hijo. Sin embargo, el visitante no solo trae a colación este sueño inspirado por Dios, sino que les ofrece una promesa con el sello de un tiempo señalado.

Amiga, aquí está. El momento que hemos estado esperando. Dios acaba de lanzar una bomba al reafirmar la promesa con el detalle que Sara tanto anhelaba: *cuándo*. Dentro de un año, ¡tendrás un bebé en tus brazos! Entonces… ¿no acaban de enterarse todos? ¿Por qué no se abrazan? ¿Por qué no se les caen las lágrimas? ¿Por qué están todos ahí sentados? ¿Podría ser que realmente no creen lo que Dios dijo? Seré generosa y supondré que simplemente están atónitos.

Tanto la última vez (Génesis 17:21) como esta (Génesis 18:10), Dios dice que el bebé vendrá "por este tiempo el año que viene", así que deben ser conversaciones consecutivas. Y la última vez, Abraham se circuncidó ese mismo día, por lo que probablemente no podría correr a recibir visitas por un tiempo. (Me sorprende que, a los noventa y nueve años, corra). Mi mejor conjetura: ha pasado una semana más o menos. ¿Y por qué volvió Dios tan pronto? Nos dio una pista cuando preguntó por Sara por su nombre.

## AMIGO DE DIOS

Hace poco, mi amiga Katlin encontró una bolsa en el porche de su casa con un folleto de una organización que suele ir de puerta en puerta. En su interior había hermosas cestas hechas a mano, pero cuando vio los nombres de sus hijos bordados en la parte delantera, se sintió invadida e incómoda. *¿Cómo sabían nuestros nombres?*, se preguntó.

Más tarde, Katlin se rio al enterarse de que las cestas eran un regalo, no de los visitantes que iban de puerta en puerta, sino de una amiga de confianza. Sucedió que las habían dejado el mismo día.

Cuando Dios preguntó por el nombre de la mujer de Abraham (especialmente por su *nuevo* nombre), tal vez Abraham se sintió incómodo por un momento. Si es que aún no se había dado cuenta, esta era una pista para Abraham de que los visitantes a su mesa no eran invitados corrientes.

En la lección 1, el Señor se volvió a presentar como el Dios Todopoderoso; pero en esta visita, se presenta como amigo. Amiga, el Dios Todopoderoso conoce tu nombre, el de tus hijos y el del gato de tu vecina, pero no dejes que eso te incomode, porque viene como un amigo.

**¿Cómo lo presenta Santiago 2:23 en esta historia?**

**¿Cómo se distorsiona nuestra perspectiva si conocemos al Señor como el "Dios Todopoderoso" (Génesis 17:1), pero nunca como amigo?**

**¿Cómo se distorsiona nuestra perspectiva si conocemos al Señor como amigo, pero nunca como el Dios Todopoderoso?**

**¿Conoces al Señor como el Dios Todopoderoso, como amigo o como ambas cosas? ¿Qué diferencia hay en que sepa tu nombre?**

## VISITAS A ABRAHAM Y SU CLAN

Hasta este punto, Dios los ha visitado varias veces. A ver si puedes responder de memoria:

¿A quién visitó Dios? Encierra en un círculo A: Abraham, S: Sara, G: Agar

| | | | |
|---|---|---|---|
| Génesis 12:1-3 | A S G | Génesis 16:7-14 | A S G |
| Génesis 12:6-7 | A S G | Génesis 17:1-22 | A S G |
| Génesis 15 | A S G | Génesis 18:1-10 | A S G |

Abraham pudo ver un horno humeante y contemplar las estrellas con Dios. Agar fue rescatada por Dios, quien le profetizó su futuro. Y Sara se enteró de todo, de segunda mano.

Obviamente, Sara estaba enterada del reciente encuentro de Abraham con Dios. (El día de la circuncisión no era algo que se olvidara). No obstante, ¿le había revelado Abraham *todo* lo que Dios le dijo, incluido el anuncio del nacimiento en el tiempo señalado de Dios?

Tal vez Abraham quería evitar que Sara se hiciera ilusiones. O tal vez sabía que ella no le creería. No está claro, pero esto sí es seguro: Dios está en la mesa de Abraham y da a propósito un mensaje a la que escucha desde la tienda.

## ATENCIÓN INDIVIDUAL DE DIOS

Imagina a Dios tomar un trozo del pan caliente de Sara, untarlo con mantequilla y preguntar: "¿Dónde está tu mujer? ¿Dónde está Sara?". Dado que sabe que ella está detrás de él, Dios usa su nombre para llamar su atención. Quiere que Sara escuche la promesa de sus propios labios.

Una cosa es conocer a Dios y la historia que está escribiendo. Otra cosa es verse a una misma *en* la historia y encontrarse con el Dios vivo. Imagino a Sara volver cientos de veces a este recuerdo de cuando Dios comió su pan y preguntó por ella por su nombre. ¿Te imaginas lo significativo que habrá sido? Sobre todo, después de trece años de preguntarse si había arruinado el plan de Dios o si se había descalificado a sí misma para serle útil.

El Dios Todopoderoso estaba en su mesa y preguntó por ella tiernamente. Se había presentado allí por *ella*.

Amiga, Dios también se presenta por *ti*. ¿Te das cuenta de que tú también formas parte de su historia? No cometas el error de pensar que puedes arruinar los planes de Dios. No puedes. Y no dudes de si eres relevante para su historia. Lo eres. Tal vez Dios quiera pasar un momento en tu mesa hoy para asegurarte sus promesas e invitarte a que te dejes moldear por ellas en el próximo año.

Las palabras de la boca de Dios estaban destinadas a Sara, que las escuchaba. Y las palabras de la Biblia también están destinadas a ti. Dios quiere que "escuches" sus palabras con regularidad, leyendo tu Biblia y prestando atención a las promesas. Quiere que sepas que pensaba en ti cuando las hizo.

**¿Cómo corrige esta historia cualquier idea equivocada que te haya hecho sentir sin importancia o excluida de los planes de Dios?**

**Cuéntanos de alguna ocasión en la que Dios haya usado sobrenaturalmente las páginas de la Biblia para darte seguridad o esperanza.**

**¿Qué harás para dedicar más tiempo a escuchar las promesas de Dios?**

# LECCIÓN 3    SEMANA 4

## VIEJA Y DESGASTADA

Aproveché la soledad en la sala verde antes de tener la palabra en una conferencia para mujeres. Me arrodillé ante el Señor y derramé mi corazón, angustiada por la forma en que me había comportado ese mismo día. "Lo siento mucho, Señor. Estoy muy avergonzada de lo egoísta que fui. ¿Cómo puedes utilizar a alguien como yo? ¡Cuán insuficiente me siento!".

No es una oración que hubiera dicho en voz alta si hubiera sabido que alguien podía oírme, especialmente alguien de la iglesia que me había contratado para hablar a las mujeres que, en ese momento, estaban entrando al santuario. No fue hasta después de volver a aplicarme el rímel y salir de la sala verde cuando me di cuenta (con horror) de que el micrófono que llevaba estaba encendido.

Nunca pregunté a los técnicos si habían oído mi oración privada en la sala verde. No quería saberlo. Simplemente, dejé mi oración en manos de Dios y recibí una seguridad desbordante de su perdón y su gracia. Luego subí a la plataforma, donde Dios tuvo la bondad de usarme (incluso a mí) para cumplir sus propósitos aquella noche.

Esta página de la Biblia es algo así como mi micrófono abierto, que da acceso a algunas palabras que Sara probablemente nunca hubiera pronunciado de haber sabido que alguien estaba escuchando.

## VIEJA Y ACABADA

**Lee Génesis 18:9-15.**

¿Dónde está Sara? Describe la escena.
_____
_____
_____

¿A qué mensaje respondió Sara riéndose (v. 10)?
_____
_____

> Por eso, Sara se rio para sus adentros (Génesis 18:12, NVI).

Encierra en un círculo el conector: "por eso".

¿Qué dos detalles incluye el escritor en el versículo anterior?
_____
_____

Consulta la línea de tiempo de la página 17. ¿Qué edad tienen Abraham y Sara en este momento?
_____

Escribe el pensamiento íntimo de Sara, registrado para nosotras en Génesis 18:12:
_____
_____
_____

Al parecer, Sara ha llegado a la menopausia, así que cuando oye a este visitante decir: "Dentro de un año volveré a visitarte… y para entonces Sara habrá tenido un hijo", se ríe. Por lo visto, este visitante no ha visto sus arrugas ni sus canas. Y, evidentemente, no sabe que, tras décadas de esterilidad, su esperanza de ser madre se ha acabado por completo.

La frase que Sara utiliza para describirse a sí misma no es amable:

**¿Después que \_\_\_\_ _____ tendré deleite, siendo también mi señor ya viejo? (Génesis 18:12, RVR1960).**

**¿Cómo se utiliza esta misma frase en los siguientes pasajes?**

    **Deuteronomio 29:5** _____

_____

    **Job 13:28** _____

_____

    **Lamentaciones 3:4** _____

_____

Sara se describe a sí misma como un trapo viejo, demasiado gastado incluso para usarlo como trapo para limpiar. Ahora bien, tal vez ella no diría esto en voz alta, pero a Dios sí le importa la manera en que nos hablamos a nosotras mismas, nuestro "diálogo interno".

**¿Qué crees que desencadenó el "diálogo interno" negativo de Sara?**

**¿Qué temas o contextos desencadenan "diálogos internos" negativos en tu vida?**

**¿De qué manera sientes que tu vida se ha "acabado" o que no tiene ningún propósito?**

_____

_____

_____

_____

**¿Qué perspectiva encuentras en 2 Corintios 4:16?**

_____

_____

## LA VIDA SEXUAL DE SARA

Nunca me ha gustado el hecho de que haya una pequeña ventana decorativa encima de la puerta de nuestro dormitorio, pero especialmente el día que encontré una silla fuera de nuestro dormitorio. Le pregunté a mi hijo de nueve años y me dijo:

—Ah, no quería despertarlos a papá y a ti, así que estaba intentando ver si estaban despiertos.

—Cariño, no puedes mirar por esa ventana. A veces mamá se cambia de ropa ahí dentro.

Puso cara de horror, y yo me alegré; no quería preocuparme que pudiera ver algo más a través de esa ventana.

La mayoría de las mujeres que conozco son muy reservadas en lo que respecta a su menstruación y su vida sexual. Desde luego, no querríamos que Dios publicara ninguno de nuestros detalles en su libro eterno, pero eso es exactamente lo que le ocurre a Sara. Fíjate la segunda cosa que Sara se dice a sí misma:

> **¿Después que he envejecido tendré _____,
> siendo también mi señor ya viejo?** (Génesis 18:12, RVR1960).

La palabra hebrea traducida *deleite* se refiere al placer sexual, no (como habrás supuesto) al placer de ser madre.[3] Así que Sara nos está dando un vistazo a lo que pasa o *no pasa* tras las puertas cerradas de su tienda. O para decirlo sin rodeos, Abraham y su esposa ya no tienen relaciones sexuales.

Estarás pensando: "¿Y por qué Dios creyó necesario que yo supiera esto?". Pues resulta que es un detalle muy importante. Porque, como ya sabrás, el sexo es necesario para tener un bebé. Y si Abraham y Sara ya no tienen relaciones sexuales, van a tener que empezar a tenerlas. (Más sobre esto más adelante).

Cuando una mujer se siente inservible e insuficiente (como Sara), a menudo se aleja de las relaciones para protegerse. Y, en el caso de Sara, "la otra mujer" sigue ejerciendo presión sobre su matrimonio. Felizmente, el mayor experto en matrimonios de todos los tiempos está a su lado, dispuesto a ayudarla.

## LAS PREGUNTAS DE DIOS

**Vuelve a leer Génesis 18:13-15.**

**¿Qué preguntas hace Dios y por qué las hace?**

**¿Qué crees que Dios quiere que Sara reconsidere?**

**¿Qué puedes aprender acerca de la interacción de Dios contigo?**

_____
_____
_____

¿Por qué se rio? Bueno, la respuesta es obvia si consideramos que tiene casi noventa años. Sara es demasiado vieja para tener un bebé. Sin embargo, es *Dios* quien dice que *lo tendrá*. Aquel que creó los vientres, la simiente, la maternidad y las familias es el mismo que le promete a Sara un hijo, ¡e incluso le da una fecha de parto! No obstante, Sara se burla, porque eso es inconcebible para ella. Todavía necesita aprender quién es Dios.

Hay una correlación directa entre cómo vemos a Dios y cómo vemos el futuro. Una visión limitada de Dios declara: "Bueno, Dios no puede hacer mucho", o "No ve, no le importa". Como Sara, nos abatimos por nuestras propias limitaciones. Incluso cuando Dios está sentado a la mesa y nos bendice con alguna promesa extraordinaria, no podemos verlo. En cambio, cuando nos detenemos a reflexionar sobre quién es Dios y meditamos en lo que ha hecho, el horizonte se amplía y nuestra visión de Dios se ensancha. Somos capaces de enfrentar incluso las circunstancias más sombrías y declarar: "¡Mi Dios todo lo puede!".

## EL GRANDIOSO DIOS DE GABY

Gaby, de 27 años, ya ha experimentado muchas pérdidas debido al cáncer: Su aspecto externo. Su alimentación. Lo que los demás piensan de ella. Con su nuevo tratamiento médico (como he comentado antes), Gaby ha perdido la posibilidad de tener hijos. Estas pérdidas son dolorosas. Aplastantes. Sin embargo, la grandiosa visión que Gaby tiene de Dios la guarda de caer en la desesperación.

Gaby está convencida de que Dios puede sanarla y darle una familia algún día si así lo decide. Y si no lo hace, está convencida de que Dios hará crecer su fe y su nombre será glorificado. Al fin y al cabo, Gaby cree en las promesas de Dios sobre su Ciudad-Edén de cimientos inconmovibles. Caminará por sus calles con un cuerpo sano para siempre. Celebrará un banquete en la mesa de Dios, rodeada de su familia, incluidos aquellos para los que ha sido una madre espiritual. Tendrá plenitud de gozo en la presencia de Dios y experimentará el deleite de vivir con Él para siempre (Salmos 16:11). Si Dios es capaz de darle a Gaby todo esto, ¡es capaz de hacer cualquier cosa!

## TODO ES POSIBLE PARA DIOS

Puede que Sara se vea a sí misma como una mujer inservible y acabada, pero Dios no. Y lo más importante de nosotras no es lo que vemos, sino lo que Dios hace. Dios ha designado a Sara para desempeñar un papel en su gran operación de rescate, que ofrece una esperanza arrolladora a toda la humanidad. Ella es esencial para el plan, pero para que Sara desempeñe este papel, debe creer en esta verdad: *Todo* es posible para Dios. Y Él *debe* cumplir sus promesas.

# SEMANA 4    LECCIÓN 4

## RISA LLENA DE ASOMBRO

Un día, mientras la abuela Ryan (la abuela de mi madre) trabajaba en el campo, vio un dirigible Goodyear en el cielo y, como nunca había visto algo así, pensó que era Jesús. La abuela entró corriendo a la casa e intentó cambiarse rápidamente de ropa. Cuando alguien le preguntó qué estaba haciendo, ella dijo: "¡El Señor ha regresado, y aquí estoy yo con estos pantalones!".

¿No te encanta su sentido de la expectativa? Ve algo extraño en el cielo y lo primero que piensa es: *¡Jesús ha vuelto!* La abuela Ryan era una mujer moldeada por las promesas de Dios.

Lamentablemente, Sara no lo era. Incluso después que Dios declarara explícitamente (suponemos que Abram le dio esta noticia) que Sara daría a luz al hijo de Abram, cualquier expectativa de que Dios cumpliera sus promesas estaba bastante ausente en ella.

**Lee Génesis 18:9-15.**

**Cuando Dios menciona lo que dijo Sara, ¿es exacto el relato que hace de sus palabras? Compara los versículos 12 y 13.**

---

**¿Qué tiene que ver la pregunta de Dios en el versículo 14 con la noticia de la fecha de alumbramiento de Sara?**

---
---
---

**¿A quién se dirige Dios en el versículo 13 y luego en el 15? ¿Qué ha cambiado?**

_____

_____

**Compara la risa de Sara con la de Abraham en Génesis 17:17-19.**

    **¿En qué se parecen?**

_____

_____

    **¿Detectas alguna diferencia?**

_____

_____

**¿En qué difiere la respuesta de Dios?**

_____

_____

**Lee Romanos 4:19-21.**
**¿Cómo afecta su realidad la fe de Abraham?**

_____

_____

_____

**¿Qué sucedió con la fe de Abraham y cómo (vv. 20-21)?**

_____

_____

_____

**¿Qué podemos aprender de Abraham sobre la fe?**

---
---
---
---

## LA RISA DE LA FE

¿Recuerdas la ventana bajo la superficie del agua de la piscina de waterpolo? Génesis nos da una visión amplia desde las gradas, pero en Romanos 4 obtenemos una visión más profunda, "bajo el agua", de la fe de Abraham.

*¿Sara va a tener un hijo a los noventa años?* Abraham no puede evitar reírse (Génesis 17:17). Sin embargo, su risa está matizada con su fe.[4] Mientras Sara se concentra en cómo se siente y cómo se ve en el espejo, Abraham se concentra en lo que sabe de *Dios*. Al meditar en Romanos 4:17, donde encontramos que Abraham creía que Dios podía crear algo de la nada, Tim Keller imagina a Abraham razonar: "[Dios es] Aquel que puso el sol y la luna y esparció las estrellas como arena con ambas manos. Me parece ridículo pensar que nuestra época presente un obstáculo a semejante ser".[5]

Esta fe, sin embargo, era el ingrediente que faltaba en la risa de Sara, y Dios se lo reprocha. No obstante, ¿no te gusta cómo Dios se salta las partes embarazosas del diálogo interno de Sara? Su propósito no es avergonzarla, sino confrontarla suavemente. Y, al final del diálogo, ¿te has dado cuenta de que, en lugar de hablar *de* Sara, le habla *a* ella? Quizá se dio vuelta para mirarla cuando ella se asomó desde la tienda. O tal vez la llamó para que estuviera cara a cara con este visitante divino. Fuera como fuera, Dios no tiene contemplaciones a la hora de confrontar las dudas de Sara, y le pregunta:

¿Hay para Dios _____ _____

_____? (Génesis 18:14, RVR1960).

## UNA RISA PESIMISTA

En un GIF que vi hace poco de una mujer que se inclina y escupe su café, pude notar dos cosas: ella pensaba que algo era gracioso y también pensaba que era ridículo. Así es como escucho reír a Sara en este texto. Sara ha pasado tanto tiempo dudando de que las promesas de Dios fueran para ella, que ni siquiera puede concebir esa posibilidad. Escupe su café ante la sola idea de quedar embarazada, y su risa pesimista es bastante reveladora. Es un signo inequívoco de que no se está dejando moldear por las promesas de Dios, sino por sus dudas. Así que Dios le plantea una pregunta, dirigida a su corazón.

En la Biblia puede leerse: "¿Hay para Dios alguna cosa difícil?" (Génesis 18:14), pero la palabra hebrea se traduce mejor como "maravilloso".[6] Dios pregunta: "¿Hay para Dios algo demasiado maravilloso? Si no, ¿de qué te asombras, Sara?".

Imagínate que recibes una noticia que es increíblemente cierta:

¡El cáncer ha desaparecido!

¡El pródigo ha vuelto a casa!

¡El matrimonio ha sido restaurado!

¡El tratamiento ha funcionado!

¡El niño desaparecido ha sido hallado!

Dios ha dado una noticia tan maravillosa como cualquiera de las anteriores, ¡y aún más! Muy pronto, la prueba de embarazo dará positivo, y Sara tendrá en sus brazos al hijo prometido. Nacerá el primer descendiente de una línea que traerá al Salvador.

## OTRO HIJO MILAGROSO

Siglos más tarde, otro visitante celestial se aparece a otra mujer con el anuncio del nacimiento del descendiente prometido, Jesús. Dedica un momento a leer Lucas 1:26-38 y observa las similitudes. Para María, es demasiado pronto para tener un hijo. Para Sara, es demasiado tarde. Sin embargo, en ambos casos, un ser celestial declara: "Nada hay imposible para Dios" (Lucas 1:37).

Sin embargo, observa la diferencia en las respuestas de ambas mujeres. María pregunta abiertamente: "¿Cómo será esto?" (Lucas 1:34), y luego responde en un bello acto de rendición: "Hágase conmigo conforme a tu palabra" (Lucas 1:38). En cambio, Sara niega sus dudas y dice: "No me reí", y luego no hace ningún comentario sobre el nacimiento prometido (Génesis 18:15).

Cabe mencionar que María es joven y Sara es anciana. ¿Has notado lo fácil que es para los niños llenarse de asombro? No obstante, a medida que envejecemos, el tiempo nos va alejando del asombro. Muchas de nosotras podemos recordar momentos en los que nuestra obediencia radical estaba alimentada por la esperanza del favor de Dios. En cambio, luego, a medida que pasan las páginas del almanaque o se acumulan las manchas de la edad, la decepción tiende a apagar esa esperanza. El extenso trecho entre paréntesis da amplio espacio para que la duda vaya creciendo hasta convertirse en un rugido. Con el tiempo, nuestras dudas silencian el asombro de la fe.

*Es demasiado terco para cambiar.*
*Es demasiado viejo para encontrar su propósito.*
*No hay esperanza para este matrimonio.*
*Ha sido adicta durante demasiado tiempo.*
*El cáncer se ha extendido demasiado.*
*Ha sido un pródigo durante demasiados años.*

## ENFRENTAR LA DUDA

No sé tú, pero cuando veo a una mujer (especialmente una anciana) que está tan decepcionada de Dios, no me atrevo a recordarle sus promesas. Abrir la Biblia me parece un sermón. Confrontar su descorazonamiento me parece duro. Pero Dios no vacila. A nuestro Dios no le parece duro ni desconsiderado cuando nos invita a rechazar nuestras dudas y a dejarnos moldear por sus promesas.

**Para cada par, marca la versión correcta de Génesis 18:13-15:**

___ El Señor le dijo a Abraham: "¿Por qué se ha reído Sara?".
___ El Señor le dijo a Sara: "¿Por qué te has reído?".

___ El Señor preguntó a Abraham: "¿Por qué se ha reído Sara diciendo: 'Será cierto que he de dar a luz siendo ya vieja'?".
___ El Señor preguntó a Abraham: "¿Por qué se ha reído Sara diciendo: 'Después que he envejecido tendré deleite, siendo también mi señor ya viejo'?".

___ El Señor dijo: "¿Hay para Dios algo demasiado maravilloso? Al tiempo señalado volveré a ti, y según el tiempo de la vida, Sara tendrá un hijo". Entonces Sara se rio con asombro, y dijo: "¡Soy la sierva del Señor!".
___ El Señor dijo: "¿Hay para Dios alguna cosa difícil? Al tiempo señalado volveré a ti, y según el tiempo de la vida, Sara tendrá un hijo". Entonces Sara negó, diciendo: "No me reí; porque tuvo miedo".

___ El Señor dijo: "No es así, sino que ella se ha reído".
___ El Señor dijo: "No es así, sino que te has reído".

Dios acaba de dar a Sara el equivalente a un cheque de un billón de dólares, y ella se ríe ante la posibilidad de que sea algo más que papel. ¿Por qué? ¿Acaso cree que el Dios eterno y todopoderoso es incapaz de cumplir su promesa? ¿No cree que es fiel? Estas son buenas preguntas que nosotras también debemos plantearnos.

Amiga, ¿crees que Dios cumplirá sus promesas como lo hizo la abuela Ryan? ¿Miras al cielo con la certeza de que Jesús volverá? La realidad es que Dios *te* ha dado el equivalente a un cheque de un billón de dólares. ¿Puedes siquiera ponerle precio a su amistad? ¿A su perdón? ¿A su esperanza de resucitar? ¿A una eternidad en el paraíso? Si tú, como

Sara, has permitido que la duda crezca en tu mente, Dios no tiene contemplaciones a la hora de confrontar tus dudas.

**¿Qué situación te tienta más a dudar de Dios? ¿Te parece que es algo demasiado imposible? ¿Está tardando demasiado?**

**¿Cómo se ve limitada tu fe en respuesta a esta situación debido a tus sentimientos sobre ti misma o tus circunstancias?**

**¿Cómo es que un sentimiento de asombro sobre lo que Dios podría hacer en esta situación podría requerir fe?**

**¿Cómo utiliza Dios la historia de Sara para confrontar tus dudas o tu falta de fe?**

## UNA HISTORIA LLENA DE ASOMBRO

Dios no solo nos regala historias de la Biblia, sino también historias actuales que despiertan asombro en nuestro corazón. He aquí una historia llena de asombro de la que pude ser parte.

Nuestro vecino Warren era un anciano que se oponía mucho al evangelio. Siempre que nos deteníamos a hablar con Warren o lo invitábamos a cenar, intentábamos hablar de temas espirituales, pero Warren se mostraba escéptico. Él pensaba que la Biblia era solo un libro antiguo y que Jesús era solo un buen maestro. Dudaba incluso de que Dios fuera real y, desde luego, no quería que Dios le dijera lo que tenía que hacer. Así que nuestras conversaciones sobre las buenas nuevas de Jesús no llegaron muy lejos. O eso creíamos.

Un día vimos un camión de mudanzas en la entrada de la casa de Warren y nos enteramos de que lo habían trasladado a un centro de atención para personas con pérdida de la memoria. Cuando fuimos a visitarlo, Warren no nos reconoció y estaba alterado, pero cuando volvimos a visitarlo, la enfermera nos dijo: "¡Han venido en un buen día!".

Cuando entramos, Warren dijo: "¡Me preguntaba cuándo iban a venir a verme!". Nos pidió que le habláramos del evangelio, y lo hicimos encantados. Nos sentimos como en un lugar sagrado junto a su cama, mientras Warren lloraba por décadas de pecado por su corazón duro, pedía perdón a Dios y confesaba su fe en las promesas de Dios. Fue un momento maravilloso.

Warren no volvió a reconocernos después de aquella noche. Creo que Dios le quitó las telarañas de la mente y le dio un día de claridad porque quería bendecir a Warren con la vida eterna. Nos mudamos poco después y nunca pudimos contarles esta historia a los seres queridos de Warren. A menudo me pregunto si alguien se sorprenderá al ver a Warren en el cielo. Su historia nos lleva a preguntarnos: ¿hay algo demasiado maravilloso para Dios?

## ¿HAY ALGO DEMASIADO MARAVILLOSO?

Los que conocemos a Dios no podemos vivir sin asombrarnos. No hablo del optimismo sin fundamento; hablo de confiar en un Dios que declara: "¿Hay algo demasiado maravilloso para mí?".

Este Dios nuestro promete que los grandes pecadores serán purificados. Promete que las personas se levantarán de sus tumbas y recibirán un cuerpo que no morirá. Promete vivir con nosotros (sus amigos) en una tierra nueva.

==Cuando dudamos de las promesas de Dios, no es porque parezcan demasiado pequeñas para hacernos bien; es porque parecen demasiado buenas para ser verdad.==

**Responde a esta última afirmación. ¿En qué medida es esto cierto para ti?**

_____

_____

**¿Qué te ha parecido la historia de Warren? ¿Tienes alguna historia de un momento lleno de asombro? ¿Cómo podría tu historia animar a alguien que está luchando con la duda?**

_____

_____

**¿Qué cosa asombrosa esperas que Dios haga en esta vida?**

_____

_____

**¿Qué cosa asombrosa crees que Dios hará, de acuerdo con sus promesas?**

_____

_____

Amiga, no tienes que vivir sin asombro, porque todas las maravillosas promesas que Dios te ha hecho se harán realidad.

# LECCIÓN 5  SEMANA 4

## CONSIDERA LA FIDELIDAD DE DIOS

Consulta la línea de tiempo de la página 17.

**¿Cuántos años han transcurrido desde que Dios hizo sus primeras promesas a Abram?**

_____

**¿Cuántos años han pasado desde el nacimiento de Ismael?**

_____

**Añade la edad de Sara y los títulos de los capítulos siguientes:**

Génesis 12: _____

_____

Génesis 16: _____

_____

Génesis 18: _____

_____

Durante trece años, las dudas de Sara han ido en aumento. Tanto es así, que responde a la profecía del visitante sobre su embarazo con una risa pesimista. Sin embargo, Dios había ido a despertar el asombro en Sara. Estaba a punto de hacer lo que le había prometido desde el principio. Era hora de que Sara se dejara moldear por las promesas de Dios.

## *RESUME*

Resume la historia de la visita de Dios a almorzar. Incluye estas citas:

"¿Dónde está Sara tu mujer?" (Génesis 18:9).

"Dentro de un año… tu esposa Sara tendrá un hijo" (Génesis 18:10, NVI).

"¿Después que he envejecido tendré deleite, siendo también mi señor ya viejo?" (Génesis 18:12).

"¿Por qué se ha reído Sara?" (Génesis 18:13).

"¿Hay para Dios alguna cosa difícil [demasiado maravillosa]?" (Génesis 18:14).

## *REFLEXIONA*

Repasa algunos puntos clave de la semana y reflexiona sobre cómo te invita Dios a responder.

¿Te gustaría tener un lugar en tu tienda para escuchar a Dios reafirmarte sus promesas? En cierto sentido, eso es lo que haces cuando lees la Biblia. Las promesas de sus páginas, escritas para el pueblo de Dios, son para ti, y Dios quiere que sepas que pensaba en ti cuando las hizo.

**Cuéntanos alguna ocasión en la que Dios haya utilizado la Biblia para reafirmarte sus promesas.**

**¿Con qué frecuencia lees la Biblia? ¿La abres con la esperanza de que Dios te comunique algo? ¿Qué cambios harías?**

Cuando el visitante le dice a Sara que va a tener un hijo, ella se ríe y su diálogo interno nos abre una ventana a su corazón. Sara se siente vieja e insignificante; ya no se está dejando moldear por las promesas de Dios.

**¿Qué situaciones tienden a hacerte sentir que tu vida es insignificante o que no hay esperanza para tu futuro? Repasa 2 Corintios 4:16. ¿Cómo te da esperanza?**

**Dedica cinco minutos a pensar deliberadamente en Dios. Haz una lista de lo que sabes de Él en función de los relatos bíblicos que has leído. Anota cómo cambia tu perspectiva sobre ti misma.**

_____
_____
_____
_____
_____

**Anota un plan para tomarte tiempo para reflexionar sobre Dios y ampliar tu visión de Él la próxima vez que te sientas insignificante o sin esperanza:**

_____
_____
_____
_____
_____

Dios no tiene contemplaciones a la hora de confrontar las dudas de Sara, que han ido creciendo. Le pide amablemente que se deje moldear por sus promesas, mediante una pregunta: "¿Hay algo demasiado maravilloso para el Señor?".

**¿En qué se parece la duda o el escepticismo a decir "esto es demasiado maravilloso, incluso para Dios"?**

_____
_____
_____
_____
_____

¿Cuál es la situación actual que más te tienta a dudar de Dios? Escribe una petición a Dios que requiera asombro, y después escribe en mayúsculas: ¿HAY ALGO DEMASIADO MARAVILLOSO PARA DIOS?

## *REPASA*

En esta historia, Dios aparece para recordarle a Sara que sigue siendo el Dios fiel que cumplirá sus promesas. Él hace las promesas. Él cumple las promesas. Y la invita a creer que las promesas se harán realidad.

**¿Cómo ves la fidelidad de Dios con Sara en esta historia?**

¿Te dejarás moldear por las promesas de Dios? Elige una promesa significativa del apéndice 2 (página 289), junto con un versículo para memorizar. Escríbelos a continuación.

**SEMANA 5**

# Volver a tener miedo

# SEMANA 5   LECCIÓN 1

# Volver a tener miedo

## EL PAPEL DE HERMANA... OTRA VEZ

Después de trece años de ver cómo pasaba la vida e Ismael se convertía en un adolescente difícil, Dios se aparece a Abraham (Génesis 17) y pone una fecha a su promesa: Sara tendrá un hijo al año siguiente. Poco después, Dios se aparece a Abraham y almuerza con él (Génesis 18) y repite la promesa para que Sara la escuche. A continuación, la historia pasa a otra sección que no incluye a Sara, pero que la afecta profundamente.

Dedica unos minutos a leer Génesis 18:16-33 y Génesis 19.

## LA TRAGEDIA DE SODOMA

Después de compartir una comida con los tres visitantes celestiales, Abraham los acompaña a un mirador hacia Sodoma y Gomorra, donde Dios le confía su plan. Ha venido a investigar el clamor de los oprimidos de estas ciudades y a hacer algo al respecto. Abraham (pensando en Lot, su sobrino) intercede y suplica a Dios que no extermine a los justos de Sodoma con los malvados (Génesis 18:23). Dios accede. Si se encuentran diez justos, perdonará a Sodoma.

Sin embargo, ni siquiera hay diez. Cuando los dos ángeles llegan a Sodoma, Lot insiste en que se queden en su casa, que pronto es rodeada por todos los hombres de la ciudad, que lujuriosamente exigen "conocer" a estos visitantes. Los ángeles ciegan a la multitud, se llevan a Lot y ordenan la evacuación. La familia de Lot huye justo cuando Dios hace estallar la ciudad con azufre y fuego. La mujer de Lot se da vuelta y se convierte en una estatua de sal, por lo que solo tres escapan (Lot y sus hijas) a una cueva cercana. Allí nos enteramos de que las hijas de Lot tampoco son justas; al pensar que toda esperanza de matrimonio está perdida, embriagan a Lot y se quedan embarazadas de él. Estos sórdidos detalles se yuxtaponen a la justa intercesión de Abraham. Él está en la montaña, hablando con Dios como un amigo; ellos están en una cueva, corrompidos por el pecado.

## OTRA MUDANZA

Imagina a Abraham volver a aquel mirador a la mañana siguiente, mientras el humo se elevaba de las ciudades calcinadas. Seguramente, sintió como si el mundo entero se hubiera venido abajo. Con este telón de fondo, consideremos la historia que veremos a continuación.

**Lee Génesis 20:1-2.**

**Marca los lugares del versículo 1 en el mapa de la página 18.**

**¿De quién es este territorio (21:34) y por qué sería importante para los israelitas del desierto? (ver Números 13:28-29).**

_____

_____

_____

**¿Qué le sucedió a Sara, y qué te recuerda esto?**

_____

_____

_____

**¿Cuánto tiempo ha pasado probablemente desde la visita de Dios a almorzar? Consulta la línea de tiempo de la página 17.**

_____

## SE LLEVAN OTRA VEZ A SARA

La Biblia no dice por qué Abraham y Sara levantaron las estacas de su tienda esta vez, pero podemos imaginarlo. Tal vez el azufre de la destrucción de Sodoma había contaminado el agua. Tal vez se interrumpió el comercio. Tal vez era demasiado desalentador quedarse.

Una cosa es segura: ese fue un hecho catastrófico y estremecedor. Fue inquietante. Entonces, cuando Abraham y su esposa llegan a Gerar, algo más traumático sucede: vuelven a llevarse a Sara.

*¿Qué? ¿Cómo pudo Abraham permitir que esto sucediera otra vez?* Dudo que sea menos aterrador que la vuelvan a tomar por segunda vez.

**Lee Génesis 12:10-15 y compáralo con Génesis 20:1-2 y 11-13 (que estudiaremos con más detenimiento más adelante).**

¿Qué semejanzas observas?

_____
_____
_____
_____

¿Por qué elige el narrador este momento para la revelación en Génesis 20:13?

_____
_____
_____

¿Qué promesas olvida Abraham una vez más? Ver Génesis 12:1-3.

_____
_____
_____
_____

## ABRAHAM BORRA SU HISTORIA

¿Recuerdas mi ilustración de la fotografía? Nunca diría: "Este es un hombre fiel que conocí hoy", porque la fidelidad se demuestra con el tiempo. Tiene más sentido mostrarte una fotografía de Ken y decir: "Ha sido un esposo fiel durante veintiséis años".

Por más de veinte años, Dios ha demostrado su fidelidad a Abraham y Sara. ¿Recuerdas cómo se les apareció Dios cuando llegaron a Canaán? ¿Y cómo los rescató en Egipto? ¿Recuerdas cómo salieron de Egipto enriquecidos? En repetidas ocasiones, Dios los ha bendecido y les ha dado motivos para confiar en que cumplirá sus promesas. Sin embargo, Abraham borra su historia y actúa como si ni siquiera conociera a Dios, y mucho menos como si lo conociera como un amigo cercano y fiel. Una vez más, Abraham se concentra en las amenazas, no en su teología. Piensa en cómo son las personas, no en cómo es Dios. Está recurriendo a la autosuficiencia, no a la confianza en Dios. Y, como resultado, Sara termina en otra devastadora situación sin salida.

## ANTIGUOS PECADOS

Probablemente, Abraham ni siquiera tuvo que llamar a Sara a "ensayar" su papel de hermana antes de llegar a Gerar. El narrador quiere que sepamos que esto ha formado parte de su rutina desde el primer día. Se trataba de un antiguo pecado, no de uno nuevo.

Una vez que abrimos la puerta al engaño, es más fácil abrirla otra vez más adelante. A veces abrimos la puerta tantas veces, que ya ni siquiera lo vemos como pecado, pero Dios sí. Él es el Único a quien no podemos engañar. Y Dios nos presionará para que lidiemos con la disparidad entre quiénes somos y cómo estamos viviendo.

**Consulta la línea de tiempo de la página 17. ¿Cuánto tiempo ha caminado Abraham con Dios?**

Si suponemos que Sara no tenía opción en el asunto (no creo que la tuviera), ¿cómo podría sentirse ante la mentira de Abraham?

Piensa en la perspectiva de Dios. ¿Crees que esta "actuación como hermana" es más ofensiva para Él que la primera? ¿Por qué sí o por qué no?

¿Sobre qué cosas mientes? ¿Qué revela tu integridad sobre tu visión de Dios?

¿Es más tentador el pecado practicado con frecuencia? ¿Por qué sí o por qué no?

## EL ASCENSOR DE LA FE

Nuestra fe sube y baja como un ascensor, ¿pero en función de qué? Según Tim Keller, "La fe es pensar en Dios, concentrarse en las verdades sobre Él… [La fe] es la fuerte insistencia en actuar acorde a una profunda reflexión, en lugar de limitarse a reaccionar a las circunstancias".[1] Según nos concentramos en Dios o en nuestras circunstancias, nuestra fe sube y baja en consecuencia, y nos llevamos a otras personas con nosotras.

Cuando Abraham contemplaba a Sodoma y suplicaba a Dios en su favor, su fe estaba en lo más alto. Apelaba reverentemente a Dios, como un amigo y un juez con poder soberano. Sin embargo, ahora, en cuestión de meses, si no semanas, la fe de Abraham se ha desplomado. Se comporta como si no hubiera promesas ni un Dios soberano. Es como si hubiera olvidado por completo su conversación con Dios durante el almuerzo de hace un par de semanas. Cuando no piensas en Dios ni reflexionas en sus promesas, lo borras de la escena, como ha hecho Abraham aquí. Y entonces no tienes a nadie más que a ti misma en quien confiar.

**¿Qué diferencia hay cuando dedicas tiempo a pensar detenidamente en Dios?**

---
---
---
---

**¿En qué ocasión tu fe se ha desplomado? ¿Estabas borrando a Dios?**

---
---
---
---

**¿Cómo te ha afectado la caída de la fe de otra persona?**

---
---
---

## CUANDO CAE UN HOMBRE DE FE

Una noche, mi amiga Jill Savage llegó tarde a su casa y encontró a Mark, su marido, dormido con el teléfono en la mano. Cuando fue a conectarlo, vio unos mensajes de texto que revelaban la aventura secreta de Mark con una mujer de su pasado. A Jill se le revolvió el estómago. Mark había sido pastor durante veinte años; conocía al Señor. ¿Cómo podía estar pasando esto?

Al día siguiente, cuando Jill lo confrontó, Mark le dijo: "Sí, estoy teniendo una aventura y no voy a dejarla". Durante los meses siguientes, Mark dudó entre seguir con su matrimonio y continuar la aventura, pero luego decidió marcharse. Jill quedó frente a la devastación de un matrimonio de veintiocho años que se desintegraba.

Durante ese tiempo difícil, la oración de Jill fue: "Dios, no están bien mis circunstancias, pero haz que esté bien mi alma". Ella eligió no centrarse en la montaña, sino en Aquel que mueve montañas. Jill recordaba haber leído "historias de Dios" en las revistas cristianas de su madre cuando era una niña, lo que sembró en ella la idea de que Dios puede hacer *cualquier* cosa. Ella creía que Dios estaba obrando y podía restaurar su matrimonio, pero no sabía si Mark respondería a los esfuerzos de rescate de Dios. Así que Jill oró y esperó, con la certeza de que, aunque no obtuviera el resultado que deseaba, la espera no sería en vano.

Más adelante contaré cómo sigue la historia de Jill, pero por ahora lo dejaré en suspenso. ¿Conoces a algún hombre de fe que haya caído? ¿Quizá tu pastor, un líder cristiano o (como Jill) tu propio marido? Amiga, ojalá hubiera un versículo de la Biblia que prometiera el resultado que deseas. Lo que tienes a disposición es un Dios fiel que te invita a poner tu mirada en Él y creer que puede hacer *cualquier* cosa. ¿Acudirás a Él en la espera?

# LECCIÓN 2 — SEMANA 5

## UN HOMBRE MUERTO

Lee Génesis 20:1-7.

Observa los contrastes entre Abraham en el versículo 2 y Dios en el versículo 3.

> Abraham mintió.
> Dios... _____
> _____
> _____

> Abraham dio la impresión de que no estaba casado.
> Dios... _____
> _____
> _____

> Abraham dio la impresión de que Dios no los protegería.
> Dios... _____
> _____
> _____

En el versículo 3, Dios le dijo a Abimelec que era hombre muerto porque:
  a. Se había acostado con Sara.
  b. Sara iba a ser la madre de una nueva nación.
  c. Había tomado la mujer de otro hombre.

**¿A quién amenaza Dios con eliminar como daño colateral (vv. 4 y 7) y cómo demuestra Génesis 19 que esto no es una amenaza vacía?**

_____

_____

_____

**¿Es esta la retribución que cabría esperar de Dios? ¿Qué podemos aprender de esto?**

_____

_____

_____

### DIOS LO DETUVO DE PECAR

Puede que Abraham no dijera nada sobre su matrimonio, pero de seguro Dios sí habló claramente. Su preocupación por el pueblo elegido incluye su reputación… y la de Él mismo. Dios se presenta a Abimelec en un sueño que dejó claro que Dios no está bromeando. Le dijo: "Eres hombre muerto. Sara ya está casada".

Ahora bien, podemos entender por qué Abimelec argumentaría su inocencia ya que ni siquiera sabía que este matrimonio existía. En su defensa, él no se ha acostado con Sara (Génesis 20:4), pero Dios lo toma como una ofensa a Sara de todos modos. Tanto, que amenaza con traer muerte y destrucción, y Dios no hace amenazas vacías. (Si no, pregúntale a Sodoma).

Entonces Dios dice algo interesante:

**En Génesis 20:6 (RVR1960), Dios dice:**

"Yo también te detuve de _____ contra _____,

y así no te permití que la _____".

**Escribe ahora estas frases, sustituyendo los tres pronombres (yo, tú, ella) por sus nombres (Dios, Sara y Abimelec). Te ayudo con un ejemplo:**

Dios detuvo a Abimelec _____

_____

_____

**Si Abimelec se hubiera acostado con Sara, ¿habría sido pecado? Consulta el versículo 6 para la respuesta.**

_____

_____

_____

**Enumera por lo menos tres cosas que aprendes acerca de Dios en Génesis 20:6-7:**

_____

_____

_____

_____

**¿Esperas que Dios te guarde de pecar? ¿Tienes algún ejemplo de que lo haya hecho?**

_____

_____

_____

Según Dios, el hecho de que no tengas mala conciencia no significa que no seas culpable de pecado. Al igual que en Sodoma y Gomorra, Dios es quien decide quién es culpable y quién inocente. Desde la primera página de la Biblia hasta la última, aprendemos que no podemos depender de nosotras mismas para decidir lo que es correcto o incorrecto, bueno o malo. Debemos remitirnos a Dios.

## ÉL DEBE HACERLO

Sin embargo, en esta historia hay más de lo que parece. Esta no es solo una historia sobre Dios que guarda a alguien de pecar; es una historia sobre el Dios que dice: "Lo haré".

Abimelec es hombre muerto porque acaba de enredarse en algo más colosal de lo que jamás podría imaginar. Sin darse cuenta, acaba de colocarse en la posición de interferir en las promesas de Dios.

**¿Qué prometió Dios?**

    **En Génesis 17:21:** _____

    _____

    **En Génesis 18:14:** _____

    _____

**Haz las cuentas. ¿Cuánto tiempo tiene Dios para cumplir esta promesa?**

_____

**¿Cómo amenaza Abimelec el cumplimiento de la promesa de Dios? ¿De qué manera es una amenaza para todos los que estamos "en Cristo"?**

_____

_____

_____

_____

De todas las familias esparcidas por el mundo, Abimelec acaba de deshonrar a la única familia que Dios se ha comprometido a proteger. De todos los matrimonios del mundo, Abimelec acaba de separar a la única pareja a la que Dios prometió un hijo milagroso. De todas las mujeres del mundo, Abimelec acaba de tomar a la única mujer a la que Dios le ha dado una fecha de parto para el próximo año. A medida que pasan las páginas del almanaque y el tiempo se escapa como la arena del desierto entre los dedos de Sara, Dios no permitirá que un pequeño rey le impida hacer todo lo que ha prometido.

Puesto que la fidelidad de Dios está arraigada en su propio carácter, es imposible que *no* cumpla sus promesas. ¡Debe hacerlo! Y lo ha hecho.

## NADA PUEDE TOCARTE

Amiga, espero que esta historia te haga sentir más segura y protegida que nunca. Tu Dios no permitirá que nada se interponga en su camino para el cumplimiento de las promesas que te ha hecho.

Ahora, quiero cuidar tu corazón de heridas y malentendidos, así que lo diré de nuevo: a ti y a mí no se nos ha prometido que nada malo podrá tocarnos. (Aunque intentara prometértelo, sabrías que no podrías creerme).

La promesa de seguridad en esta historia se refiere específicamente a Sara. No obstante, también hay una promesa reconfortante para ti en la historia de Sara. Lo que está a salvo es el vientre de Sara. Lo que está a salvo es el plan de salvación de Dios. Lo que está a salvo es el sólido compromiso de Dios de traer al mundo a ese hijo milagroso, del que surgirá una nación y luego un Salvador. Lo que está a salvo eres tú, resguardada en Cristo.

Si estás en Cristo, desde una perspectiva eterna, nada, nada, *nada* puede tocarte.

# SEMANA 5 — LECCIÓN 3

## UN TEMOR SALUDABLE

Cuando mi hija tenía unos doce años, le di permiso para ir a un parque de diversiones con el grupo de jóvenes de la iglesia de su amiga, pero la noche anterior me senté con ella para hablar.

—Cariño, es muy importante que mañana te quedes con tu grupo de amigos. No quiero que se separen ni siquiera unos minutos, ¿de acuerdo? —le dije.

—Pero ¿y si quieren ir a una atracción que da mucho miedo? —me preguntó.

Le dije que tendría que hacerlo. Le expliqué que hay gente que observa y espera el momento en que una joven está sola, e incluso le hice una leve descripción de los horrores del tráfico sexual. No quería asustarla, pero tampoco quería que fuera ajena a lo que la gente pecadora querría arrebatarle a ella… y a nosotros.

Ken entró justo cuando nuestra hija tenía los ojos llenos de lágrimas y me preguntó qué pasaba.

—Bueno, le estaba explicando a Lindsay lo del tráfico sexual y está un poco asustada —le respondí.

—No —dijo Lindsay, con la voz entrecortada—. No es eso lo que me asusta.

Ambos la miramos con evidente confusión.

—¡Me asusta subirme a esas atracciones que dan mucho miedo! —dijo con el rostro bañado en lágrimas.

¡Bendita sea! Me alegré mucho de que no tuviera ni idea de lo que estaba hablando. Ella temía más ser zarandeada y volteada boca abajo en una atracción diseñada para ser segura, que aquellos que podían hacer añicos su mundo de sueños y fantasías.

Abraham no era ingenuo respecto al mundo. Al contemplar detenidamente a una Sodoma humeante, tuvo nuevas evidencias de cómo el mal puede corromper a toda una ciudad, hasta el punto de que no queden ni diez justos. No obstante, al igual que mi hija de doce años, Abraham se confunde y no sabe bien a qué temer.

**Lee Génesis 20:1-13**

**¿Qué preguntas le hace Abimelec a Abraham?**

_____

_____

_____

**¿Qué revelan de Abraham su pecado y sus excusas?**

_____

_____

_____

## LO QUE PENSÓ ABRAHAM

No está mal tener miedo de algo. Cuando mi marido y yo vimos la araña y nos paralizamos, era un miedo saludable, pero a veces nuestro miedo se confunde, como cuando mi hija temía más a una montaña rusa que a los traficantes sexuales.

Cuando nuestro miedo se confunde, también lo hacen nuestras reacciones. O reaccionamos exageradamente, o bien no reaccionamos. A eso se refiere Abimelec cuando pregunta por qué Abraham hizo algo tan terrible y mintió al decir que Sara era su hermana. El hebreo traduce literalmente: "¿Qué pensabas?" (Génesis 20:10). En otras palabras, está preguntando: "¿Qué opinión tenías de nosotros? ¿Por qué te sentiste amenazado? ¡Somos buena gente! ¿Por qué pensaste que tenías que protegerte de nosotros?".

Es entonces cuando Abraham revela lo que "pensó" de Gerar que le hizo sentir miedo. Su combinación de excusas es bastante interesante. En Génesis 20:11 (RVR1960), Abraham dijo:

**Excusa 1: "Porque dije para mí: Ciertamente no hay _____ de _____ en este lugar".**

**Excusa 2: [Pensé:] "y me _____".**

**¿Qué ironía encuentras al comparar estos dos pensamientos?**

_____

_____

_____

## TRES VERDADES Y UN TEMOR

Cuando Abraham llega a Gerar, vuelve a centrarse en cómo es la gente, no en cómo es Dios. Podemos imaginar una actitud despectiva de desagrado en el tono de Abraham cuando declara: "Ciertamente no hay temor de Dios en este lugar". Sin embargo, ¿teme *Abraham* a Dios?

En su libro *Fight Your Fears*, mi amiga Kristen Wetherell señala: "La raíz de nuestro problema con el temor no es que tengamos demasiado temor, sino que no tengamos suficiente temor del Dios digno de ser temido".[2] Si Abraham tuviera temor de Dios (como afirma que el pueblo de Gerar no tiene), no estaría mintiendo descaradamente al decir que su esposa es su hermana.

Ahora bien, Abraham vive en un mundo (como nosotras) donde *hay* cosas que temer. Es un mundo en el que dos visitantes llegan a una ciudad y rápidamente se ven rodeados por una población llena de hombres lujuriosos. Es un mundo en el que una pareja entra en una ciudad y el marido es rápidamente asesinado y su mujer raptada. Los temores de Abraham son legítimos, pero en su temor, se olvidó de Dios.

Kristen señala: "No podemos combatir el temor con el simple hecho de decidir ser valiente... Lo que necesitamos es un arma eficaz con la que combatir nuestros temores. Necesitamos la *verdad*".³ Saber quién es Dios y lo que ha prometido es la espada de la verdad que nos ayuda a luchar contra el temor.

¿Y si Abraham hubiera jugado a "Tres verdades y un temor"?

Verdad: Dios es poderoso. Destruyó una ciudad con azufre y fuego (Génesis 19:24).
Verdad: Dios prometió protegerme (Génesis 12:3).
Verdad: Dios nos prometió un hijo este año (Génesis 17:21).
Temor: Esta gente podría matarme.

¿Ves cómo las verdades superan al temor? Todos podemos elegir. Podemos centrarnos en las amenazas o en nuestra teología. Podemos centrarnos en nuestro temor a la gente o en las promesas de Dios.

**Prueba una ronda de "Tres verdades y un temor". Elige verdades sobre Dios o promesas de su Palabra para combatir uno de tus temores:**

Verdad: _____

Verdad: _____

Verdad: _____

Temor: _____

## LA INFLUENCIA DE ABIMELEC

¡Qué rápido pueden hacernos olvidar las amenazas! Abraham conoce las promesas. Ha visto la fidelidad de Dios durante décadas. Y, sin embargo, ha sobredimensionado al pueblo de Gerar de tal modo que les tiene miedo. Cuando sobredimensionamos a las personas, encogemos a Dios. Cuando nuestro temor a las personas se hace grande, nuestro temor a Dios se hace pequeño. Irónicamente, ¡Abimelec tiene más temor de Dios en esta situación que *Abraham!*

**Lee de nuevo Génesis 20:8.**

**¿Qué influencia tiene Abimelec sobre sus siervos?**

_____

_____

_____

**¿Cómo demuestra esto que Abraham se equivocaba al decir que no había temor de Dios en Gerar?**

_____

_____

_____

Abimelec aviva el temor de Dios entre sus consejeros. Sorprende su temor correcto del poder y la autoridad de Dios. Tal vez le hayan llegado noticias de la lluvia de azufre y fuego de Sodoma. Tal vez no quiere cometer el mismo error.

    Aunque sabe muy poco, Abimelec tiene una gran opinión de Dios y una gran estima por el matrimonio. Irónicamente, Abraham no. A los ojos de Abraham, Dios es pequeño y el pueblo de Gerar es al que hay que temer.

## UN PUEBLO SOBREDIMENSIONADO

Toma asiento entre los israelitas del desierto mientras consideras esta parte de la historia. ¿Recuerdas por qué están en el desierto? Están viviendo la consecuencia de vagar por el desierto durante cuarenta años porque, en lugar de cruzar hacia la tierra prometida, tuvieron temor.

**Repasa lo que dijeron los exploradores sobre Canaán en Números 13:31-33.**

**¿Qué imágenes utilizan en el versículo 33 que nos dicen que se sentían pequeños?**

_____
_____
_____
_____

**¿Cómo sobredimensionaron al pueblo y encogieron a Dios?**

_____
_____

Los israelitas del desierto estaban muy cerca de ver a Dios cerrar el paréntesis y darles la tierra prometida, pero su temor los hizo olvidar a Dios. Los cananeos parecían tan grandes, que olvidaron que Dios era más grande. Abraham y Sara están en la misma situación. ¡Están tan cerca! Dios está a punto de cerrar el paréntesis y darles un hijo.

Ahora bien, Dios no les ha pedido a Abraham y a Sara que finjan que los cananeos de Gerar no son peligrosos; ¡les ha pedido que crean que Él es más grande! Dios es fiel y lo suficientemente fuerte como para protegerlos y hacer exactamente lo que dijo que haría.

Amiga, vivimos en un mundo que da miedo. El tráfico sexual es real. Todos los días se denuncian asesinatos. Los cristianos están siendo atacados y difamados. Pero, ¡nuestro Dios es más grande!

**¿Qué persona o situación te hace sentir como un insecto?**

_____
_____
_____

**Piensa en esa situación desde la perspectiva de Dios. ¿Cómo has hecho a la gente grande y a Dios pequeño?**

---
---
---
---

**¿De qué manera tu temor te ha hecho olvidar a Dios?**

---
---
---

## EL CORAJE DE SARA

Cualquier motivo de temor es una ocasión para tener fe. Si alguien tenía motivos para temer en esta historia, era Sara. Estaba en una posición de extrema vulnerabilidad, todo porque su marido eligió mentir. Sin embargo, me pregunto si esta era una de las situaciones que Pedro tenía en mente cuando escribió sobre Sara en su carta.

**Lee 1 Pedro 3:1-7 (NTV).**

**¿Cuál es la situación "aun cuando" que Pedro menciona en el versículo 1 (NTV)? ¿Cómo se aplica esto a la situación de Sara en Génesis 20?**

---
---

**Según los versículos 1-2, ¿cuál es la manera más eficaz que tiene una esposa de persuadir a su esposo para que obedezca a Dios?**

---
---

**Sara era hermosa a los ojos de los hombres. ¿Qué hace que una mujer sea hermosa a los ojos de Dios (vv. 3-4)?**

_____

_____

_____

_____

**¿Cómo podemos aprender a embellecernos y llegar a ser como Sara (vv. 5-6)?**

_____

_____

_____

Cuando oigo que deberíamos seguir el ejemplo de Sara que no tenía temor, me dan ganas de volver a la Biblia y leer la historia, ¿y a ti? Me pregunto si ya lo hemos hecho. Pedro no dice a qué parte de la historia de Sara se refiere cuando dice que hacía el bien sin temor, pero no hay ninguna parte más probable que esta.

Sara guarda silencio en nuestro pasaje de Génesis 20, pero si analizamos su historia en general, este es un punto de inflexión. En la siguiente escena, vamos a verla vivir por fe, así que es lógico que este sea el lugar en el que Sara decidió practicar lo que Dios dijo, recordar lo que había hecho y no temer "ninguna amenaza" (1 Pedro 3:6), incluso que otro rey la tomara por esposa. Allí, en el harén de Abimelec, Sara estaba completamente indefensa y tenía mucho que temer, pero tal vez las promesas de Dios la tranquilizaron. ¡Bien podría haber sido así!

¿Cómo podemos no temer ninguna amenaza? Al recordar lo grande que es nuestro Dios, tan grande que el cielo es su trono y la tierra es el estrado de sus pies (Isaías 66:1). Solo cuando recuerdas lo grande y fuerte que es Dios, ves las amenazas de este mundo en su justa medida.

# SEMANA 5     LECCIÓN 4

## LA GRACIA DE DIOS EN GERAR

Nuestro amigo George es sabio, amable, generoso y divertido. Hace que todos los grupos se integren y que las reuniones sean más divertidas. Pero, la hija de George, en edad escolar, parece no haber heredado sus encantos. Siempre es maleducada, insolente y exigente. Y, sin embargo, George la trata como a una princesa. Un día, George estaba haciendo una fogata para un grupo de nosotros, y su hija lo interrumpió para pedirle que hiciera algo por ella. Como no le respondió al instante, se metió en medio del grupo de adultos y le exigió a gritos que la ayudara de inmediato.

George llevó tranquilamente a su hija a un lado, donde podía corregirla suavemente en privado. Cuando la jovencita entró a la casa rezongando, alguien le dio a George la oportunidad de quejarse de la crianza de los adolescentes, pero él defendió valientemente el honor de su hija. "Es difícil ser adolescente hoy día —dijo en voz baja—. Es una buena chica. La quiero".

La gracia infinita de George me desconcertó e hizo que mi opinión sobre él se elevara aún más.

La gracia es así. En Gerar, Dios desplegó su poder, pero es su despliegue de gracia lo que hace que nuestros corazones se eleven.

## LAS MUJERES AFLIGIDAS DE GERAR

Pongámonos en contexto. Algo horrible ha estado sucediendo en Gerar, y comenzó después que la recién adquirida esposa del rey, Sara, se mudara al harén.

**Lee Génesis 20:1-18.**

**¿Qué trágicas circunstancias han estado experimentando las mujeres de la casa de Abimelec, y cuál es la causa?**

_____

_____

**¿Desde cuándo, por lo menos?**

_____

**¿Cómo describió Sara la causa de sus penurias en Génesis 16:2?**

_____

_____

Es probable que hubiera abortos espontáneos en Gerar. Seguramente, no había nuevos embarazos. Y allí, en el harén de Abimelec, Sara fue testigo presencial de las lágrimas y el dolor de estas mujeres. En una cultura que valoraba tanto tener hijos, esto era devastador.

Tú y yo tendremos que dejar a un lado nuestros pensamientos sobre los harenes y la poligamia por un momento para que podamos considerar la pena y el dolor que esto representa; un dolor que Sara conocía bien. Dios había cerrado la matriz de todas esas mujeres, igual que la de Sara.

## EL SECRETO DE SARA

Como mencioné en la lección 3, creo que, durante estas semanas y meses en el harén de Abimelec, la fe de Sara estaba cobrando vida. Tal vez estaba haciendo cuentas y reconociendo que si Dios había prometido que tendría un hijo dentro de nueve o diez meses (Génesis 18:10), Sara tenía que volver a casa con su esposo. No había nada que ella pudiera hacer al respecto, por supuesto, pero parecía que Dios ya lo había hecho.

Dios es soberano sobre detalles que nadie conoce (y detalles que, a fin de cuentas, las personas no pueden controlar (como la reproducción humana). Mientras las mujeres de la casa de Abimelec empezaban a verse afectadas por un extraño brote de infertilidad, Sara probablemente observaba desde las sombras y se preguntaba: "¿Es esto lo que creo que es?". No es algo por lo que quisiera atribuirse el mérito.

Llevaba allí el tiempo suficiente para que se produjeran alteraciones en los ciclos menstruales de las mujeres, pero al parecer no el suficiente para que Abimelec atribuyera a Sara los problemas de infertilidad (y Génesis 20:6 y 17 también podrían implicar impotencia). Fue Dios quien reveló su secreto.

**Vuelve a leer Génesis 20:3-10, con el conocimiento de que toda la familia de Abimelec está afligida por la infertilidad que experimentan.**

**¿De qué es culpable Abimelec, según Dios?**

_____

_____

**¿Qué aprendemos del carácter de Abimelec cuando confronta a Abraham? ¿Qué palabras o frases dan indicios de su preocupación y sentido de responsabilidad por su pueblo?**

_____

_____

_____

Abimelec está destrozado. Sus mujeres están de luto y él tiene la culpa. No sabía que había tomado a una mujer casada y, a pesar de ello, se le exigen responsabilidades. Está dispuesto a hacer lo que sea para resolver las cosas con este Dios al que había ofendido, y con la mujer de este otro hombre.

## SARA EXONERADA

Ahora que ya tenemos el contexto, vamos a centrarnos en Sara. En nuestro viaje junto a ella, la hemos visto cargar con la vergüenza de ser la "rama seca" durante décadas. También ha soportado el dolor de que su sierva la menospreciara y que, en su pasividad, su esposo no hiciera nada por ella. Además, hemos sabido que, en cada nuevo pueblo, su esposo le ha pedido que asuma el riesgo (por la seguridad de él) de decir que era su hermana.

Esta mujer ha soportado una gran deshonra. Pero, por la gracia de Dios, está a punto de ser exonerada por la persona más improbable: un rey pagano.

**Lee Génesis 20:14-18.**

**¿Qué le obsequia Abimelec a Abraham? ¿Qué obsequio es una compensación para Sara?**

**¿Da Abimelec sus obsequios antes o después de enterarse de que Sara era la causa del sufrimiento?**

**¿Qué le dice a Sara sobre el propósito de las monedas de plata? ¿Por qué será importante en un futuro cercano?**

**¿Qué dijo Abimelec acerca de que Abraham y Sara vivieran en su tierra?**

---
---

Si recuerdas, allá en Egipto (Génesis 12:16-20), el faraón dio obsequios tan valiosos como una dote; pero luego, cuando supo que Sara era la causa de las plagas, se dirigió a Abraham (no a ella), y los echó a ambos de Egipto para siempre. Esta experiencia es totalmente diferente.

En primer lugar, mil monedas de plata no eran nada despreciable. La dote más alta que se podía pagar por una esposa era de cincuenta piezas de plata,[4] así que el obsequio de Abimelec equivale a veinte esposas. Y esta esposa iba a volver con su legítimo esposo.

Cuando Abimelec dice: las monedas de plata "te servirán de compensación" (Génesis 20:16, NVI), el hebreo significa, literalmente, "un velo a los ojos". Con esto, Abimelec está asegurándose de evitar cualquier cosa que pueda afectar la reputación de Sara y hacer que otros la desprecien.[5]

Abimelec no solo está invitando a Abraham y a su "hermana" a quedarse en Gerar, sino que los presenta como huéspedes de honor, y no como los villanos del pueblo, causantes de toda esa infertilidad. Abimelec ha gastado una pequeña fortuna para declarar dos cosas: Sara tenía una queja válida contra él (estaba casada), y él está libre de culpa (no se acostó con ella).

¡Es asombroso! Mira cómo Dios protege el honor de Sara. Ahora, cuando Sara tenga un hijo el próximo año, no habrá sombra de duda sobre quién es el padre, ya que Abimelec acaba de hacer el anuncio público de que no la tocó. ¡Qué asombroso giro de los acontecimientos en solo veinticuatro horas! En verdad Dios hace que todas las cosas les ayuden a bien a los que son llamados conforme a su propósito (Romanos 8:28).

¿Cómo ha dispuesto Dios, en su soberanía, que Sara sea honrada y reivindicada?

_____
_____
_____
_____
_____

¿Recuerdas alguna ocasión en la que hayas sido deshonrada públicamente o enfrente de una persona? Menciona de qué forma Dios lo ha usado para bien.

_____
_____
_____
_____

## EL IMPERFECTO ABRAHAM

La historia no termina con la simple transacción de monedas de plata. Dios tiene una cosa más que mostrarnos acerca de sí mismo y, esta vez, utilizará a Abraham. Compara a Abraham y a Abimelec en lo que va de la historia y marca todo lo que corresponda:

| ABRAHAM | ABIMELEC | |
|---|---|---|
| | | …es moralmente serio y quiere hacer lo correcto. |
| | | …está dispuesto a inventar excusas para demostrar su inocencia. |

|  |  | … es egoísta y no piensa en cómo sus acciones afectan a los demás. |
|---|---|---|
|  |  | … está profundamente preocupado por el honor de Sara. |
|  |  | … es sabio y está dispuesto a pasar por alto las ofensas. |
|  |  | … ha respondido al mal con el bien. |
|  |  | … ha respondido al bien con el mal. |

**Lee Génesis 20:7 (RVR1960). Dios dice:**

> "Ahora, pues, devuelve la mujer a su marido [Abraham]; porque es _____".

**¿Qué debe hacer Abraham para que todos se sanen?**

_____
_____
_____

**¿Cómo cumple Dios una vez más su promesa de Génesis 12:3?**

_____
_____
_____
_____

Si te fijas en quién perjudicó a quién, debería ser Abraham el que ofreciera los obsequios, no Abimelec. La maldición sobre Gerar fue debido a su mentira. Y ahora nuestro cobarde estafador recibe honra de "profeta".

¿Cómo es posible? Podría imaginarme llamar profeta a Abraham cuando suplicaba a Dios que perdonara a Sodoma. Parecía honorable entonces, pero no aquí en Gerar.

## TEOLOGÍA BÁSICA

Abraham ha hecho "lo que no [debió] hacer" (Génesis 20:9). Ha mentido, ha puesto a Sara en peligro y ha expuesto a muchas personas a una maldición, y es a través de él que todos los pueblos de la tierra van a ser *bendecidos* (Génesis 12:3). Insisto, la Biblia no es una historia sobre personas que reciben de Dios lo que se merecen; es una historia sobre personas que reciben lo que *no* se merecen. Y esta historia incluye aun a aquellos con mayor conocimiento.

¿Has visto alguna vez la fe de alguien con mayor conocimiento caer en picada en un abismo? Tal vez una esposa que solía dirigir el estudio bíblico ha dejado a su marido. O un pastor que predicaba contra el adulterio es adicto a la pornografía. Tal vez tu hijo, que antes memorizaba versículos bíblicos con empeño, ha abandonado a Dios. O tal vez tú eres la que ha hecho cosas que deshonran a Dios, incluso cuando tenías mayor conocimiento. Tal vez todavía haces estas cosas.

Amiga, Dios siempre cumple sus promesas, no porque siempre seamos fieles, sino porque Él es fiel. Y cuando Dios es fiel con alguien que sabe que no lo es, pone de relieve su gracia.

**Considera lo que aprendimos sobre Dios en esta historia. En cada par, marca la frase que te parezca verdadera:**

___ **Dios protege poderosamente a los suyos.**
___ **Dios protege poderosamente a los más justos.**

___ Dios exige que sus elegidos nunca fallen.
___ Dios nunca falla a sus elegidos.

___ Dios utiliza personas perfectas para mostrarse al mundo.
___ Dios utiliza personas imperfectas para mostrarse al mundo.

___ Dios quiere que sus elegidos oren por los que sufren y los quebrantados.
___ Dios quiere que sus elegidos resuelvan los problemas de los heridos y quebrantados.

___ Dios está más interesado en mostrar nuestro honor y sabiduría al mundo.
___ Dios está más interesado en mostrar su propio honor y sabiduría al mundo.

## UN ESCAPARATE DE LA GRACIA

Tal vez el lugar donde vemos más claramente la gracia de Dios en esta historia es al final, cuando, en lugar de rechazar a Abraham, Dios lo llama para que preste un servicio honorable.

**En Génesis 20:17:**

**¿Quién oró y cuál fue el efecto?**

---
---
---

**¿Cómo se manifestó el poder de Dios?**

---
---
---

**¿Cómo se manifestó la gracia de Dios?**

---
---
---
---

Abraham oró y la sanidad se extendió entre los enfermos. El pueblo de Gerar aprendió acerca del poder de Dios, tanto a través de su sufrimiento como a través de Aquel que lo detuvo. Sin embargo, en los defectos de Abraham, también pudieron ver destellos de la gracia de Dios.

¿Recuerdas a nuestro amigo George, cuya infinita gracia hacia su hija me desconcertaba? Si la hija de George hubiera sido tan encantadora como él, no habría tenido ocasión de maravillarme por el carácter paciente y piadoso de George. De igual modo, los grandes defectos de Abraham resaltan la grande y asombrosa gracia de Dios.

Esta historia de la caída estrepitosa de la fe de Abraham parece increíble, pero la gran historia de la Biblia no tiene sentido si se elimina la gracia de Dios. Si la historia estuviera destinada a revelar la justicia de Dios (pero no la gracia), en el punto culminante de la historia (la muerte y resurrección de Jesús) veríamos a Dios rescatar a su Hijo justo de la cruz y destruir a todos los pecadores por los que Jesús está allí. De principio a fin, la Biblia es una historia que muestra la gracia de Dios.

Por su gracia, Dios elige a pecadores indignos.

Por su gracia, Dios muestra su fidelidad a los infieles.

Por su gracia, Dios usa a siervos imperfectos como Abraham para bendecir a las naciones.

Por su gracia, Dios utiliza a siervas imperfectas como nosotras para difundir su historia por el mundo.

# SEMANA 5 — LECCIÓN 5

## CONSIDERA LA FIDELIDAD DE DIOS

Sara vivió la repetición de una situación horrible. Abraham volvió a mentir, y ella fue llevada al harén de otro rey, donde otra casa fue maldecida con infertilidad por su culpa. Sin embargo, Dios mostró su poder, y Sara fue exonerada y devuelta a su marido, justo a tiempo.

### *RESUME*

Resume la historia de Abraham y Sara en Gerar, con la guía de estas citas:

- **"Es mi hermana" (Génesis 20:2).**
- **"Muerto eres" (Génesis 20:3).**
- **"¿Qué pensabas?" (Génesis 20:10).**
- **"Ciertamente no hay temor de Dios en este lugar" (Génesis 20:11).**
- **"He dado mil monedas de plata a tu hermano" (Génesis 20:16).**

_____

_____

_____

_____

## *REFLEXIONA*

Repasa algunos puntos clave de la semana y reflexiona sobre cómo Dios te invita a responder.

Al tomar a Sara, Abimelec ha interferido en las promesas de Dios para el año entrante, y se ha enredado en algo más colosal de lo que él cree. Sin embargo, gracias a Dios, Abimelec nunca tocó a Sara.

**¿Cómo te impacta saber que Dios protegió su plan divino para tu salvación (que implicaba que Sara tuviera un hijo)?**

*Si estás en Cristo, desde una perspectiva eterna, nada puede tocarte.* **¿Cómo te ayuda esto a enfrentar una situación particularmente temible en tu vida?**

Abraham dijo que no había temor de Dios en Gerar; pero, irónicamente, Abimelec tenía más temor de Dios que Abraham. A medida que el temor de Abraham por las personas crecía, su temor de Dios disminuía.

**¿Tienes una visión grande de Dios? ¿Cómo te ayuda tu temor santo de Dios a no "temer ninguna amenaza" (1 Pedro 3:6)?**

_____

_____

_____

**¿Qué comportamientos pecaminosos (como la mentira de Abraham) revelan tu visión pequeña de Dios? ¿De qué manera esta historia te da una visión correcta y grande de Dios?**

_____

_____

_____

**Elige un temor con el que luches a menudo y juega a "Tres verdades y un temor". Selecciona verdades sobre Dios o promesas que haya hecho.**

Verdad: _____

Verdad: _____

Verdad: _____

Temor: _____

Abraham, de noventa y nueve años, fue cobarde y egoísta, aunque sabía que no debía ser así. Sin embargo, Dios cumplió sus promesas, lo que puso de relieve la gracia de Dios. Dios no cumple sus promesas por nuestra fidelidad, sino por la de Él.

**¿Cómo has empañado tu testimonio? ¿Cómo permitirás que esta situación muestre la gracia de Dios?**

_____
_____
_____
_____

**¿Cómo te está afectando el desplome de la fe de otra persona? ¿Qué estás aprendiendo sobre la fidelidad de Dios?**

_____
_____
_____
_____

## *REPASA*

En esta parte de la historia, Dios utiliza la infertilidad (y potencialmente la impotencia) para proteger el vientre de Sara. Esta no es solo una historia sobre Sara que tiene un hijo, sino sobre la preservación de nuestra salvación, que vendrá a través de la descendencia de Sara, Jesús. Dios demuestra que no se detendrá ante nada para cumplir su promesa de salvarnos.

**¿Cómo se revela la fidelidad de Dios a sus promesas en esta parte de la historia de Sara?**

_____
_____
_____
_____

**¿Te dejarás moldear por las promesas de Dios? Elige una promesa significativa del apéndice 2 (página 289) junto con un versículo para memorizar. Escríbelos a continuación.**

SEMANA 6

# Risa y perspectiva

## SEMANA 6 — LECCIÓN 1

# Risa y perspectiva

## EL PUNTO DE INFLEXIÓN DE LA FE

¡Ya llegamos! Finalmente hemos llegado al lugar en la línea de tiempo de Sara donde Dios cierra muchos paréntesis. Ha sido un arduo viaje de decepciones, dudas y pruebas, pero después de un tramo mucho más largo de lo que Sara había anticipado, Dios está listo para hacer por ella lo que prometió. Pero hay otro punto de inflexión importante en la historia de Sara, que tiene mucho que enseñarnos sobre nuestra propia fe.

**Lee Génesis 21:1-2.**

**¿Qué tres frases de estos versículos enfatizan que Dios cumple sus promesas?**

_____

_____

_____

**¿A qué tiempo se refiere el versículo 2? (Ver Génesis 18:10).**

_____

_____

**¿Cómo se cumplen las promesas para Sara?**

_____

_____

**¿Qué nos enseña esta historia sobre el carácter de Dios?**

---
---

## FE ACTIVA

Anteriormente señalé que Hebreos 11 no enumera lo que cada personaje creyó por la fe, sino lo que *hizo* por la fe. Moisés atravesó el Mar Rojo. Daniel enfrentó a los leones. Rahab escondió a los espías. Estas personas hicieron cosas radicales porque creyeron en promesas radicales. Sus historias me dan ganas de levantarme de mi silla y aplaudir, y luego vivir mi propia vida radical, moldeada por las promesas.

Sin embargo, cuando llego al versículo de Sara en Hebreos 11, me siento un poco ridícula de pie en mi silla.

**Escribe Hebreos 11:11 y encierra en un círculo las tres primeras palabras:**

---
---

Durante mucho tiempo, me desconcertó que Sara estuviera incluida aquí. Su historia era muy diferente de las demás. Por supuesto, cada bebé es un milagro, pero hablo con cierta autoridad cuando digo que las futuras mamás, una vez concebido el bebé, no hacen nada más que comer, dormir y ver crecer sus vientres. El nuevo ser humano que se está formando y creciendo es obra absoluta de Dios, y esto fue doblemente cierto en el caso de Sara, que estaba "fuera del tiempo de la edad". Este milagro le ocurrió *a* Sara. Comparada con las otras historias de fe radical, no estaba segura de que ella hubiera demostrado el tipo de fe digna de Hebreos 11.

Sin embargo, un día caí en la cuenta de que Sara tuvo que *hacer* algo para tener a ese hijo. Y ese "algo" requería una fe radical.

## EL TIEMPO SEÑALADO

Dibuja una línea de tiempo del último año de la vida de Sara, con lo que has aprendido en Génesis 18, 20 y 21:1:

⟵——————————————⟶

¿De qué manera el conocimiento del tiempo señalado del embarazo de Sara en Génesis 21:1 arroja nueva luz sobre los detalles revelados en estas citas del capítulo anterior?

"Y así no te permití que la tocases" (Génesis 20:6).

_____
_____
_____

"Servirán de compensación por todo lo que te ha pasado" (Génesis 20:16, NVI).

_____
_____
_____

La casa de Abimelec estuvo afectada por un brote de infertilidad (Génesis 20:18) durante meses, no días ni semanas. Usa la línea de tiempo anterior para responder ¿cuántos meses crees que estuvo Sara en Gerar?

_____

En Génesis 20:14, ¿qué le sucedió a Sara? Según la línea de tiempo, ¿qué debía hacer Sara poco después de esto para que la promesa de Dios se cumpliera en "el tiempo que Dios le había dicho" (Génesis 21:2)?

___

¿Qué detalle de la vida sexual de Sara quedó revelado por su diálogo interno en Génesis 18:12? ¿De qué manera enfatiza esto la fe de Sara?

___

¿Cuántos años han pasado desde que Dios prometió por primera vez hacer de Abraham una gran nación? Consulta la línea de tiempo de la página 17. ¿Cómo enfatiza este detalle la fe de Sara?

___

¿Qué detalle sobre el ciclo menstrual de Sara se revela en Génesis 18:11? ¿Cómo enfatiza este detalle la fe de Sara?

___

## LA GRAN FE DE SARA

Durante veinticuatro años, Sara ha sido la rama seca del árbol genealógico. Ha soportado décadas de esterilidad y ahora está en la menopausia.

¿Te imaginas a Sara (con ochenta y nueve años) decirle a Abraham: "¿Quieres intentar hacer un bebé esta noche?".

¡Oh, amiga! Esto requería una gran fe. Una fe activa.

En mi libro, *No seas una mujer controladora*, expliqué que el deseo de Sara de tener un hijo era tan absurdo como que yo (ahora, a los cincuenta y dos años, después de toda una vida sin poder hacer una voltereta hacia atrás) quisiera convertirme en una gimnasta olímpica. "Esa ventana de oportunidad ya se cerró. Se selló. Se tapió —escribí—. Imagínate lo ridícula que me vería si apareciera con una malla de gimnasia en las pruebas olímpicas de los Estados Unidos".[1]

Espero que esa imagen mental te haga reír. Esto es lo que hizo reír a Sara: la idea de acostarse con su marido después de tanto tiempo. La oportunidad de concebir un hijo se había terminado. Cualquier esperanza de tener un hijo se había cerrado y, con ella, la intimidad en el matrimonio de Sara. Sin embargo, Dios le pedía a Sara que abriera su corazón y su cuerpo con la esperanza de concebir un hijo. ¿Te imaginas lo difícil que fue para Sara ser lo suficientemente vulnerable para tener esperanza?

De modo que, al final, me retracté de mi crítica a la inclusión de Sara en el capítulo 11 de Hebreos. Sara ejerció una fe radical cuando se metió en la cama con su marido esperando el milagro.

## POR LA FE

Echemos un vistazo más de cerca a este versículo que constituye la base de nuestro estudio.

**Lee Hebreos 11:11 (NVI) en voz alta.**

**Fíjate bien y encierra en un círculo el verbo correcto:**

**Por la fe Sara...**
>  concibió un hijo.
>
>  recibió fuerza para tener hijos.

**Esta es la única vez que Hebreos 11 menciona a alguien que recibe fuerzas para algo. ¿Qué crees que diferencia a Sara de los demás?**

_____

_____

_____

**¿Cuándo viste a Dios dar fuerza sobrenatural para hacer algo "imposible", como amar a alguien difícil, dar con generosidad o llorar con esperanza? ¿De qué manera ha requerido fe?**

_____

_____

_____

## TODAS LAS COSAS CONSIDERADAS

Todas las demás personas mencionadas en Hebreos 11 hicieron cosas grandes y extraordinarias, pero Sara hizo algo que había hecho muchas veces a lo largo de los años: se acostó con su marido. Sin embargo, esta vez concibió un hijo. ¿Por qué esta vez? ¿Qué cambió? Pues bien, sabemos que Dios le puso fecha a su promesa, pero el versículo nos da una explicación más.

**En Hebreos 11:11 (NVI), encontramos el conector "porque", que nos indica que viene una explicación. ¿Cuál es la explicación de la fuerza de Sara? (Fíjate en lo que viene después del conector).**

_____

_____

_____

Recuerda que la palabra "considerar" es una palabra contable. Es como un banquero que te considera para un préstamo, luego reúne la evidencia necesaria para decidir si eres digna de confianza. Eso es lo que está haciendo Sara. Está considerando la evidencia que tiene acerca de Dios. Las está acumulando. ¿Y qué está considerando específicamente acerca de Dios?

> Sara "consideró _____ al que le había _____
> \_\_\_\_\_ _____" (Hebreos 11:11, NVI).

Sara mira atrás, a los últimos veintitantos años, y se pregunta: "¿Realmente puedo confiar en Dios? ¿Ha cumplido sus promesas? ¿Ha sido fiel?". Tal vez piense en el día en que llegaron después de caminar mil seiscientos kilómetros y Dios se apareció y le mostró la tierra a su marido. O tal vez recuerde la forma en que Dios maldijo con plagas a las familias del faraón y Abimelec a causa de ella. Tal vez recuerde a los misteriosos visitantes que fueron a almorzar y reiteraron la promesa de un hijo en su presencia. ¿Sería todo eso suficiente para inclinar su balanza?

Cualesquiera que fueran los hechos que Sara "consideró" mientras reunía y apilaba evidencias, encontró suficientes para crear un punto de inflexión en su fe, y esto activó el poder de Dios en la vida de Sara.

Ahora bien, el poder de Dios no depende de nuestra fe. Él es libre de hacer cualquier cosa maravillosa que quiera, y no será rehén de nosotras. No obstante, a menudo espera nuestra fe antes de desatar su poder. Imagina si Dios no hubiera requerido la "fe activa" de Sara y, de buenas a primeras, se hubiera despertado embarazada a los ochenta y nueve años de edad. Dios podría haberlo hecho, por supuesto, pero como hemos dicho desde el principio, Dios quiere que seamos moldeadas por sus promesas. A menudo nos permite experimentar situaciones imposibles que expanden y hacen crecer nuestra fe.

¿No es eso lo que estamos viendo en Sara? Solo un par de capítulos atrás, ella se burlaba de la idea de dormir con su marido. Sin embargo, ahora tiene la certeza radical de que Dios va a darle un hijo. Si tu madre o tu abuela de ochenta y nueve años dijeran esto, te preocuparías por su estado mental, y la idea del embarazo de Sara no es menos absurda. Sin embargo, con su lógica y sabiduría, Sara ha llegado a la conclusión de que, si Dios lo prometió, sucederá. Así que, por la fe, se acuesta con su marido.

A Dios le encanta que lo consideremos fiel.

## EL PUNTO DE INFLEXIÓN EN LA FE

Si piensas en la fe como en un subibaja, "considerar" es lo que provoca el cambio de la duda a la fe. Cuando vives en la duda, es porque has considerado y acumulado todas las razones por las que algo es imposible. Cuando vives por la fe, es porque has considerado y apilado todas las promesas de Dios y su perfecto historial de fidelidad.

Escribe en los círculos algunas de las dudas de Sara sobre la posibilidad de tener un hijo, como la esterilidad.

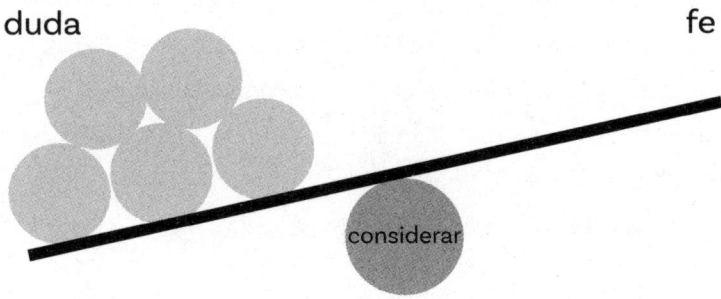

Ahora bien, la fe no ignora todas las dudas; tan solo considera o da más peso al poder de Dios y se pregunta: "¿Hay algo demasiado maravilloso para Dios?".

**Escribe ahora, en los círculos de la fe en la página siguiente, algunos ejemplos de las promesas cumplidas de Dios, que Sara podría haber considerado al mirar atrás en los últimos veinticuatro años.**

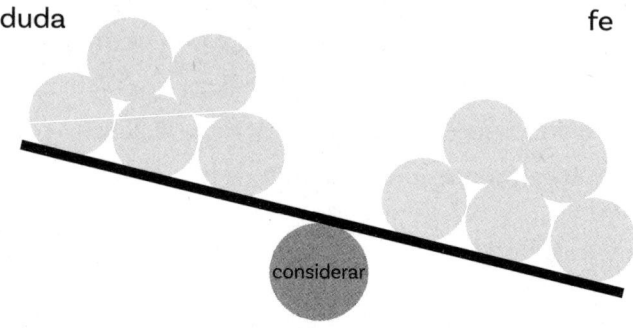

¿En qué situación necesitas más la fuerza sobrenatural de Dios? ¿Tu matrimonio pende de un hilo? ¿Tu hijo pródigo lleva décadas extraviado? ¿Has recibido un diagnóstico negativo? Resume la situación y, a continuación, completa el siguiente diagrama con todos los factores para tener en cuenta en tu situación.

Apila tus razones para dudar de Dios, tu temor al futuro y tus preguntas hipotéticas. Luego, en el otro lado, apila tus evidencias sobre Dios. Incluye historias de su fidelidad, ya sea de la Biblia o de tu vida. Añade cualquiera de sus promesas que te venga a la mente.

Utiliza este ejercicio para considerar fiel a Aquel que ha hecho las promesas.

**Situación en la que necesito el poder sobrenatural de Dios:**

_____

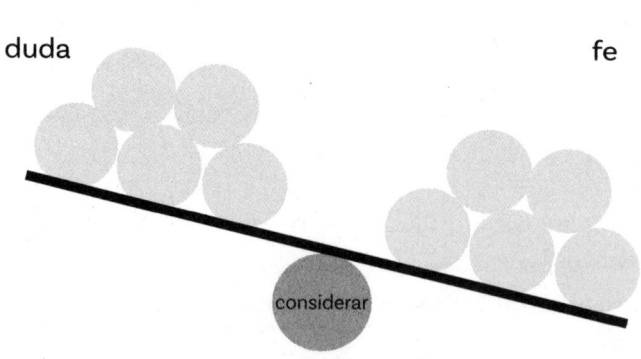

El *punto de inflexión* es cuando tu fe se activa porque has dado peso a las promesas y al carácter de Dios. Para Sara, fue acostarse con su marido. Para ti puede ser perdonar a alguien, confiar en Dios lo suficiente como para dar con generosidad o llorar la pérdida de un ser querido con la esperanza de volver a verlo.

**¿Cómo te pide Dios que vivas por la fe de forma activa y te dejes moldear por sus promesas? Escribe tu respuesta como tu "punto de inflexión".**

_____
_____
_____
_____
_____
_____
_____

## SU HIJO PROMETIDO

El momento en que Sara concibió a Isaac fue un increíble punto de inflexión en su fe. Dios se fijó en Sara e hizo por ella lo que había prometido (Génesis 21:1). Desató una fuerza sobrenatural en su vida. Cuando los brazos de Sara se cerraron alrededor de su milagroso hijo, el paréntesis de Dios se cerró sobre sus promesas para ella y para nosotros.

# SEMANA 6   LECCIÓN 2

## NACE LA RISA

Toda buena historia se construye alrededor de un personaje que anhela algo. A menudo enfrenta una dificultad o un obstáculo para alcanzar su objetivo, y la tensión se resuelve cuando el personaje lo logra. Este es el momento de la historia de Sara. Por fin tiene el hijo que tanto anhelaba.

Sin embargo, más que una simple historia sobre una mujer que tiene un hijo, la historia de Sara está inextricablemente ligada a la historia más grande y global de la Biblia y su personaje principal, Dios. ¿Qué es lo que quiere *Dios*? Es una pregunta interesante, porque a Dios no le falta nada y nunca ha encontrado un enemigo al que no pudiera vencer de inmediato, y su carácter no cambia ni evoluciona. Puede que esto parezca un poco anticlímax, ¿cierto? Pero Dios (en su gloriosa y desinteresada humildad) adopta nuestra difícil situación como suya propia. Al final, envía a su Hijo para que entre en nuestra historia como el héroe conquistador que restaura la comunión, la paz, el crecimiento y el sentido de pertenencia que encierra esa palabra edénica, *shalom*.

No obstante, en estos primeros capítulos de la historia, cuando Dios pone en marcha su plan para volver al Edén, selecciona un nuevo linaje de personas (Abraham y su esposa) que vivirán en un nuevo lugar (Canaán). A los diez segundos, recibimos malas noticias. Estos nuevos personajes no son mejores que los primeros. ==¿Cómo hará Dios para que Abraham y Sara se conviertan en personas semejantes a las que había en el Edén? Utilizará sus promesas para moldearlos.==

Ahora es cuando la cosa se pone realmente interesante. Al principio, parece que lo que Dios quiere y lo que Sara quiere es lo mismo: Dios le promete hijos a su marido. ¡Ella está eufórica! Luego, poco a poco, se desinfla. Nos compadecemos de ella. A medida que pasan los meses y las páginas, nos preguntamos: "¿Por qué, Dios? ¿Por qué no le das ese hijo que le has prometido?".

Sin embargo, Dios utiliza sus promesas para desarrollar el carácter de Sara y convertirla en una nueva persona. Utiliza el extenso lapso de tiempo para llamarla a reflexionar y buscar su rostro. Utiliza la disparidad entre su promesa y la realidad de Sara para invitarla a considerar que "fiel es el que prometió". Y, cuando lo hace, ¡la vida de Sara es transformada! La mejor prueba de ello es su risa.

## UN DIOS QUE NOS TRANSFORMA

**Lee Génesis 21:1-7.**

**¿Qué edad tenía Sara cuando dio a luz? ¿Cuánto tiempo ha pasado desde que Dios dio a entender por primera vez que Abraham tendría un hijo? Consulta la línea de tiempo de la página 17.**

**¿Qué podemos aprender acerca del tiempo de Dios a partir de la línea de tiempo de Sara?**

**"Isaac" significa risa. ¿Por qué es un nombre apropiado? (Piensa en Génesis 17:17 y 18:12-13).**

**Traza una línea para unir las expresiones de Sara (Génesis 18:12, 15; 21:6, 7, NVI) con cada sentimiento o tono que escuches en sus palabras:**

| | |
|---|---|
| "¿Acaso voy a tener este placer, ahora que ya he envejecido y siendo mi señor también ya viejo?". | Deleite |
| | Cinismo |
| | Asombro |
| "Yo no me estaba riendo". | Defensa |
| | Duda |
| "Dios me ha hecho reír". | Alegría |
| | Escepticismo |
| "Todos los que se enteren de que he tenido un hijo se reirán conmigo". | Vergüenza |
| | Asombro |
| "¿Quién hubiera dicho a Abraham que Sara amamantaría hijos?". | Felicidad |

**¿Qué cambio o progresión escuchas en la risa de Sara en Génesis 21:6-7?**

_____
_____
_____

**Lee Salmos 30:11-12. ¿Cómo resume la experiencia de Sara?**

_____
_____
_____
_____

## CONTUVO LA RISA

Antes que a Sara se le notara el embarazo, sospecho que solo Abraham lo sabría. ¿Te lo imaginas? El pueblo habría pensado que Sara había perdido la cabeza. Y más aún, si ella hubiera dicho que este embarazo había sido "planeado".

Incluso cuando salieron de Harán, esta idea era absurda. Es probable que fuera un secreto que habían guardado desde el principio. De seguro al pueblo le habría parecido desconcertante (y tal vez divertido) cuando Abram, de noventa y nueve años, cambió de nombre por el de "padre exaltado". Y la humillación de Sara por no haber tenido hijos habría pesado sobre ella durante décadas. El mero tema de la falta de hijos (por no hablar de la promesa de Dios) estaba tan cargado de emoción, que tal vez no era algo que se mencionara mucho en el campamento.

Recuerda que, en este momento, Abraham era un hombre muy rico y poderoso. Ya en Génesis 14:14, vimos que tenía 318 hombres capaces que habían nacido en su hogar. Seguramente, ese número había crecido. A estas alturas, su campamento probablemente contaba con miles de personas.

Abraham era el jefe de la tribu. Era un héroe de guerra condecorado (Génesis 14:17). ¿Y Sara, su reina, estaba *embarazada*? ¡La noticia habría corrido rápido, independientemente de la edad de Sara! Ahora bien, estar esperando su primer hijo en su nonagésimo cumpleaños era totalmente asombroso. Cuando se supo esta noticia, ¡dudo que alguien hablara de otra cosa!

Y entonces nació Isaac. ¿Puedes imaginarte la alegría y la risa de Abraham llevando en sus brazos a "Risa" para que todos lo vieran?

## RÍETE CONMIGO

**Génesis 21:6-7 nos revela qué dijo Sara después del nacimiento de Isaac. Dos veces menciona a otras personas y sus reacciones. ¿Qué imagina Sara que han dicho o dirán los demás?**

Versículo 6: _____

Versículo 7: _____

¿Qué frase adicional del versículo 3 aporta un énfasis, y por qué? (Recuerda que hay dos hijos).

_____
_____
_____

¿A qué afrenta se refería Sara en Génesis 16:5? ¿Cómo se ha liberado Sara de la preocupación de que se rieran de ella? Ten en cuenta Génesis 21:6 en tu respuesta.

_____
_____
_____

Cuenta el número de veces que se menciona a Abraham (incluidos los pronombres) en Génesis 21:1-7. ¿Cómo contrasta esto con Génesis 16:1?

_____
_____
_____

En la historia de Dios, ¿cómo te recuerda este bebé a Jesús?

_____
_____
_____

¿Cómo vive Sara un momento lleno de *shalom*? Imagina tu propio momento personal de *shalom*, cuando recibes algo que anhelabas. Describe lo que podrías ver, oír y sentir.

_____

_____

_____

_____

## EL CUMPLIMIENTO DE LA RISA

Este bebé es muy importante porque Abraham es muy importante, tanto en la historia de Sara como en la de Dios. Cuando Sara presenta su nuevo hijo a su marido, un líder y jefe militar, la honra de Sara se restablece y Dios recibe la gloria. ¡Dios ha cumplido su promesa! Ha demostrado su fidelidad y Sara ha sido transformada.

No hace mucho tiempo, Sara vivía bajo el peso de ser el hazmerreír a los ojos de todo un pueblo. Pero Dios ha transformado su inseguridad, envidia y tristeza en un alegre regocijo, y ahora Sara invita a otros a reírse con ella de lo que solo Dios podría haber hecho. Es solo una muestra de lo que les espera a los que pertenecen a Dios.

Hace un par de meses llamé emocionada a mi amiga Renell, para ponerla al día sobre una situación por la que había estado orando conmigo durante mucho tiempo.

—Casi parece que Dios está por darme todo lo que le he estado pidiendo, aunque sé que es poco probable. Tal vez no suceda —le dije.

—¡Shan, podría suceder! Quizá Dios esté haciendo algo asombroso —me respondió.

Esta semana la llamé para comentarle: "¡Creo que Dios *está* haciendo algo asombroso!", y nos reímos juntas con asombro. A veces es arriesgado tener esperanza porque no queremos decepcionarnos. Abrigamos nuestras esperanzas en privado o solo lo hablamos con una amiga íntima. Creemos que Dios *puede hacerlo*, pero no estamos seguras de que *lo hará*. Sin embargo, ¡cuando *lo hace*, abrimos de par en par las puertas de nuestro mundo privado e invitamos a todos a reír con nosotras!

Cuando describes una habitación llena de *shalom*, ¿incluyes la risa? Me encanta que Dios llame a Isaac "risa", porque marca el tono del resto de su plan. En realidad, ¡es el plan para salvarnos! Quiere darnos finalmente todo lo que nosotros (como raza humana) hemos perdido. Está preparando un lugar lleno de *shalom*, donde reiremos juntos de asombro por todo lo que Él ha hecho.

**¿Ha llenado Dios tu vida de nuevas risas al darte algo que anhelabas? Descríbelo.**

**¿Por qué sigues orando a Dios? ¿Cómo está Dios moldeándote y transformándote a través de sus promesas?**

**¿Cuál es su promesa final en Apocalipsis 21:3-4?**

**¿Qué dice 2 Pedro 3:8-10 sobre el tiempo de Dios?**

## UN DOMINGO DE RESURRECCIÓN

Había pasado un año desde que Jill se enteró de la aventura amorosa de su marido Mark, y él no estaba dando muestras de arrepentimiento. Los amigos de Jill le decían que tal vez había llegado el momento de empezar a planificar un desenlace distinto al que ella esperaba. Entonces, una mañana, Mark se acercó a Jill con una hoja de papel que llevaba en la mano y en la que enumeraba todas las cosas que iban mal con ella y en su matrimonio. Le dijo: "Voy a pedir el divorcio".

Jill se quedó atónita. Oró en silencio: *Señor, ¿qué debo decir?* Lo que salió de su boca fue: "Mark, Jesús no quería ir a la cruz. En el huerto de Getsemaní, tuvo que luchar para rendirse y orar: 'No se haga mi voluntad, sino la tuya'(Lucas 22:42)".

—Espera, ¿hoy es Pascua? —preguntó Mark.

Ella le dijo que sí.

—Creo que voy a hacer esa oración —respondió Mark.

Jill se quedó atónita. ¿Mark iba a orar para que se hiciera la voluntad de *Dios*? No estaba segura de qué, pero algo estaba ocurriendo. Incluso el comportamiento físico de Mark comenzó a cambiar mientras oraba. Mark le ha contado desde entonces que en ese momento sintió que Dios le decía: "Si me das esa lista, yo me encargo del resto". Mark ansiaba la paz que solo es nuestra cuando le entregamos el control a Dios. Y así, tres minutos después de declarar que se divorciaba de Jill, levantó la vista de su oración de entrega y dijo: "¿Podemos ir a la iglesia?". Esa mañana de Domingo de Pascua, Dios estaba resucitando un matrimonio que ni siquiera tenía pulso.

Esta historia plantea la pregunta: "¿Hay para Dios alguna cosa difícil?". La semana pasada abrí Instagram y vi a Mark y Jill que se miraban el uno al otro y se reían. Estaban comentando acerca de su nueva serie de conferencias para matrimonios. Amiga, nuestro Dios puede hacer *cualquier cosa*.

# SEMANA 6    LECCIÓN 3

## UNA DIVISIÓN EN EL ÁRBOL GENEALÓGICO

Isaac ya es un niño de unos tres años, y Abraham organiza una fiesta para festejarlo. ¿Te imaginas al pequeño Isaac corretear con sus sandalias en miniatura y sus rizos oscuros despeinados por la brisa? Me imagino a las mujeres intentando hacerle cosquillas mientras se ríe, y a los hombres lanzándolo al aire.

Sin embargo, las risas cesan y la fiesta se detiene incómodamente cuando alguien se ríe *de* este niño llamado "Risa".

**Lee Génesis 21:8-11.**

**¿Cómo es que la risa ha creado un conflicto en la historia (v. 9), y por qué es irónico?**

_____

_____

**Consulta la línea de tiempo de la página 17. Si Isaac tiene tres años, ¿qué edad tiene Ismael?**

_____

**¿Por qué Ismael podría sentir animosidad hacia Isaac?**

_____

_____

¿Por qué Sara podría sentir animosidad hacia Ismael?

¿Te parece apropiada la exigencia de Sara en el versículo 10? ¿Por qué sí o por qué no?

En Génesis 21:1-21, ¿cuántas veces se menciona el nombre Ismael? ¿Qué hace vislumbrar esto?

## SE ACABÓ LA FIESTA

Observamos cómo el autor de Génesis empieza a dejar de utilizar el nombre de Ismael para hacerlo desaparecer poco a poco. Sin embargo, Ismael siente la exclusión en tiempo real.

El pequeño Isaac debió de ser la pesadilla de la existencia de Ismael. Cada vez que Ismael se daba la vuelta, allí estaba su padre mimando a su nuevo hijo, nacido de su primera esposa. Siempre había habido tensión entre la madre de Ismael (Agar) y la primera esposa de su padre (Sara), pero cuando nació Isaac, la dinámica familiar se volvió combustible. Entonces, en la fiesta, Sara encendió una chispa.

Siento empatía por Ismael, pero eso no hace que su comportamiento sea correcto. Un comentarista sugiere que las burlas de Ismael consistían en jugar a ser el "heredero Isaac".[2] No obstante, el comportamiento de

Sara tampoco es correcto. Basta una mirada al hijo de la "otra mujer", que se burlaba de su hijo, para que Sara estalle en cólera.

Si has vivido relaciones familiares rotas, esta historia no te sorprenderá. Ya sabes lo profundas que pueden ser las emociones y cuántos "lados" hay en cada historia, pero esto es lo que creo que te *sorprenderá*: la respuesta de Dios.

**Lee Génesis 21:10-13.**

**¿Cómo se siente Abraham ante la exigencia de Sara, y por qué (v. 11)?**

**¿Cómo le dice Dios a Abraham que responda a la exigencia de Sara, y por qué (v. 12)?**

**¿Qué seguridad le da Dios a Abraham acerca de Ismael (v. 13)?**

**¿Qué razón da Sara para su exigencia en Génesis 21:10? ¿Cómo concuerda esto con lo que Dios le dijo a Abraham en Génesis 17:18-19?**

**¿Cómo habrían interpretado esta exigencia los israelitas del desierto, que ahora veían a los descendientes de Ismael como una amenaza?**

## ELECCIÓN DEL HIJO MENOR

En una sociedad patriarcal, el hijo mayor siempre se llevaba la mayor parte de la herencia. Invertir ese orden sería como si yo dijera que debes pagar los gastos universitarios de *mi* hijo en lugar de pagar los gastos universitarios de *tu* hijo. Era totalmente al revés. La riqueza de Abraham también aumentaba la tensión. Era tan rico, que una matrícula universitaria de hoy habría representado para él como unas simples monedas. Así que, cuando Dios le dio a Abraham la noticia de que Ismael no sería su heredero, sino que sería Isaac (Génesis 17:18-19), fue un escándalo total.

Abraham sabía que toda su riqueza y la tierra que algún día poseería provenían de Dios. Es lógico que Dios pudiera invertir las reglas de la herencia y repartir las cosas como quisiera, pero eso no facilitaba las cosas. Abraham había estado reflexionando sobre el reto de poner eso en práctica, literalmente, durante *años*. Como cualquier padre, Abraham amaba a sus dos hijos y quería que crecieran juntos, pero Dios le estaba diciendo que escuchara a Sara y enviara lejos a su primogénito.

**Lee Génesis 21:14.**

**¿Qué dio Abraham a Agar e Ismael cuando la despidió del campamento?**

---
---

**¿En qué sentido la respuesta de Abraham es la de un mayordomo obediente, no la de un propietario?**

---
---

**Dibuja un círculo alrededor de los ejemplos que conoces en los que Dios eligió al hijo menor o menos esperado:**

| David | Saúl | Daniel |
|---|---|---|
| Esaú | Jacob | Jesús |

## LA EXIGENCIA DE SARA

A primera vista, parece que Sara (cuya reacción parece desproporcionadamente dura) está teniendo un "momento de mujer controlada". ¿Acaso se levantó temprano para ver a Agar e Ismael desaparecer en la bruma matinal? ¿Murmuró "que les vaya bien" cuando pasó junto a su tienda vacía?

Solo se menciona a Abraham en la despedida (Génesis 21:14), y ni siquiera le ofrece un asno o un hombre armado. En cambio, carga pan y agua sobre los hombros de *Agar*. ¡Qué carga para ella (y no solo físicamente)! Lo más desconcertante es que Dios avala las despechadas exigencias de Sara.

> *Esto es especialmente tierno, porque, aunque Agar era la que clamaba, Dios oyó a Ismael, lo que significa que estaba muy cerca de este niño que se estaba muriendo de sed. Fue Dios quien dio a Ismael su nombre, que significa "Dios oye" (ver Génesis 16:11).*

*¿Por qué, Dios?* —me pregunto—. *Esto no parece propio de ti*. Pero, claro, lo que sucede en la siguiente parte de la historia *es* realmente bastante propio de Dios. Ojalá tuviéramos tiempo para estudiarlo con más detenimiento, pero, en resumen: cuando Ismael está a punto de morir de sed, Dios oye su clamor de sed* y abre los ojos de Agar hacia un pozo cercano. Ismael sobrevive y se convierte no solo en un hombre libre, sino en un rey que cría a doce príncipes (ver Génesis 21:17-21 y 25:16). De modo que, aunque Dios solo establece su pacto con Isaac, bendice al primogénito de Abraham, Ismael.

Por ahora, volvamos a centrar nuestra atención en el campamento, donde Sara se ha puesto como una fiera, y tenemos que suponer que cuando Abraham expulsa a su hijo primogénito y a su segunda esposa con solo las provisiones de un día, está haciendo "caso a Sara" (Génesis 21:12, NVI). Esto me hace pensar y decir: "Sara, Sara... ¿dónde está esa hermosa fe que vimos en ti unos versículos atrás?".

Sin embargo, cuanto más estudio el momento "mamá osa" de Sara, más evidencias *sí* veo de su fe, aunque su ejecución fuera deficiente. Veamos algunas de las razones por las que podemos concluir que Sara está siendo moldeada por las promesas de Dios.

**Fíjate de nuevo en la razón que da Sara para sus drásticas exigencias:**

> **Porque el hijo de esta sierva no ha de heredar con Isaac mi hijo" (Génesis 21:10).**

**¿Sobre qué es inflexible Sara en no querer que tenga parte Ismael? Encierra la palabra en un círculo.**

**¿Cómo concuerda esto con lo que Dios dijo en Génesis 17:20-21?**

_____

_____

**Observa la razón de Dios para decirle a Abraham que escuche a Sara en Génesis 21:12 (NVI):**

> **"Pues tu descendencia se establecerá por medio de Isaac".**

**¿Qué dice Dios que sucederá por medio de Isaac? Dibuja un círculo alrededor de la frase.**

**¿Por qué crees que tuvo que expulsar a Ismael para que esto sucediera?**

_____

_____

LECCIÓN 3 | 261

## FE ARDIENTE

Cuando mi amiga Chey asistía a un curso sobre adopción, le enseñaron que debía hacer promesas a su hijo y cumplirlas rápidamente para que el niño aprendiera a confiar en ella. Por ejemplo, le decía: "Te prometo que hoy iremos al parque". Y entonces iban al parque. O: "Te llevaré al zoológico el sábado". Y entonces ella lo llevaba al zoológico el sábado. Este método para generar confianza con un lapso corto entre paréntesis parece tener sentido, ¿verdad?

Supongamos que el día que Chey le prometió a su hijo un helado después del colegio, se entera de que han enviado a su hijo a la oficina del director por pegarle a un amigo en el patio. *Fantástico*, piensa Chey, con sarcasmo. Pero, cuando lo recoge, su hijo le explica: "Ese niño decía que no me ibas a comprar helado, pero yo le dije que sí". Luego la mira a los ojos y le pregunta: "¿Me comprarás el helado, cierto?".

Chey no estaría contenta por la paliza, pero sí porque parece que su hijo está aprendiendo a confiar en ella, ¿verdad? Tanto, que está dispuesto a defender la promesa de ella como cierta. Creo que esto es lo que está sucediendo con Sara. Verás, Sara cree que los descendientes (vástagos) de Isaac heredarán la tierra que habitan. Sin embargo, en un momento de claridad, sus ojos se abren de par en par ante lo que siempre ha sido una realidad: Ismael es una amenaza para la herencia de Isaac.

Tras presenciar las burlas de Ismael, Sara puede ver hacia dónde se dirige todo eso. Esta celosa rivalidad no era algo que Ismael fuera a dejar así porque sí. El Señor había profetizado acerca de su carácter dominante y contencioso incluso antes que naciera (Génesis 16:12). Además, Ismael siempre sería el mayor. Isaac siempre estaría expuesto a la burla. Y Sara no siempre estaría cerca para intervenir. Así que interviene mientras puede y exige algo drástico: una división del árbol genealógico.

La idea de que dos hermanos *no* fueran coherederos era tan poco convencional, que no se le habría ocurrido a Sara por sí sola. Cuando Sara no solo sugiere, sino que exige que Abraham despida a Ismael, vemos algo que antes faltaba. Las promesas de Dios están moldeando a Sara. No solo las cree, sino que está dispuesta a defender la veracidad de las promesas. Porque Dios había dicho: "Y en cuanto a Ismael… le bendeciré… Mas yo estableceré mi pacto con Isaac" (Génesis 17:20-21).

¿Ves lo que ha sucedido con nuestra amiga Sara? La duda ha desaparecido. ¡En su lugar hay una fe ardiente! Ismael fue idea de Sara desde el principio, pero eso fue cuando ella no tenía fe en que Dios cumpliría su promesa. Ahora es idea de Sara expulsar a Ismael porque está llena de fe en que Dios cumplirá su promesa.

**¿Qué evidencias de fe activa ves en la reacción de Sara?**

**¿De qué manera la reacción de Sara es proporcional al valor que le dio a esta herencia?**

## PONER UN PRECIO A NUESTRA HERENCIA

Nadie presenta ninguna querella por una herencia que vale un peso. Sin embargo, cuando dos partes creen que una herencia valdrá millones, están mucho más interesadas en lo que pueden ganar. Para Abraham y su esposa, la mayor parte de la herencia es algo que aún no poseen. Todavía vivían en tiendas, ¿recuerdas? Canaán aún no les pertenece, pero Dios ha dicho que les pertenecerá. Así que la reacción de Sara fue acorde con su fe. Y en un sentido esto también es cierto para ti y para mí.

Amiga, a ti y a mí no se nos ha prometido tierra, riqueza o una familia de millares de personas, al menos no aquí y ahora. No obstante, si estamos "en Cristo", entonces nosotras también tenemos una herencia venidera: somos coherederas de las promesas de Dios, transmitidas desde Abraham. Somos el pueblo que Dios está devolviendo a su presencia, que un día vivirá con Él en ese lugar lleno de *shalom*.

¿Has pensado recientemente cuánto vale esta herencia? ¿Has pensado en lo importante que es que la próxima generación sepa cuánto vale esta herencia? Si solo valiera un dólar, tal vez no te importaría hacérselo saber, pero, amiga, la herencia que Dios nos está guardando vale mucho más que millones. ¿Qué precio podemos poner a nuestra reconciliación con Dios, al perdón de la deuda de nuestro pecado y a ser coherederas del cielo con delicias a su diestra para siempre? No quiero que mis hijos (o cualquier otra persona sobre la que tenga influencia) se pierdan esto. ¿Y tú?

Ahora bien, sería un error imitar a Sara con sus tácticas coercitivas y duras exigencias. Sin embargo, por otra parte, también sería un error no hacer nada y permanecer pasivas ante las amenazas que se ciernen sobre nuestra propia fe o sobre la fe de la próxima generación.

## EVALÚA LAS AMENAZAS

**¿En qué nos parecemos a Isaac, según Gálatas 3:29?**

**¿Qué dice 1 Pedro 1:3-5 sobre tu herencia?**

Teniendo en cuenta el gran valor de tu herencia, mira a tu alrededor y haz una rápida evaluación de las amenazas. ¿Hay alguna amenaza que invada tu fe o la fe de los que vienen detrás de ti? Anota ejemplos personales o culturales de lo siguiente:

Burla o mofa sobre tus decisiones de fe o las de otra persona:

Oposición u opresión con respecto a tus decisiones de fe o las de otra persona:

Una influencia poderosa que amenaza con desviarte a ti o a otra persona de la fe:

¿De qué manera te pide Dios que adoptes valientemente una postura (en lugar de permanecer callada) frente a las amenazas?

**De las personas sobre las que tienes influencia, ¿quién necesita más que le recuerdes el valor de la herencia de Dios? ¿Cómo administrarás sabiamente tu influencia?**

---------------------------------------------------------------

---------------------------------------------------------------

---------------------------------------------------------------

---------------------------------------------------------------

Dios nos hace responsables de cómo administramos nuestra influencia. ¿Te opondrás a las amenazas que atentan contra tu fe o la de los demás? ¿Vivirás conforme a la verdad de que tu herencia, reservada en el cielo, tiene un valor inmensurable?

# LECCIÓN 4 — SEMANA 6

## ¿ESCLAVOS O HIJOS?

Cuando mis hijos estaban en la escuela primaria, las mañanas eran muy estresantes, sobre todo porque me empeñaba en incluir un tiempo bíblico en nuestra rutina matutina. Después que habían hecho las camas, se habían cepillado los dientes, peinado y tomado el desayuno, los sentaba en el sofá de la sala, abría la Biblia y les enseñaba la verdad para que fuera un ancla para sus almas.

Estoy segura de que hay conceptos que mis hijos retuvieron, pero lo que más recuerdan es que se retorcían en sus asientos, temerosos de interrumpirme y decir: "Eh, mamá... el autobús llegará en un minuto". Luego, lo que yo recuerdo es que salían corriendo en cuanto yo decía: "Amén".

En retrospectiva, creo que estaba convencida de que todo dependía de mí (con mi Biblia en mano y mis tácticas coercitivas) que mis hijos se convirtieran en la familia de Dios. Yo era quien tenía que transmitírselo. Tenía que ganarme sus corazones. Tenía que asegurarles un lugar en el Libro de la Vida.

Sin embargo, la vida espiritual no es algo que podamos forzar en nosotras, ni en los demás. Como en la historia de Sara, nuestras tácticas coercitivas y nuestra autosuficiencia solo producen esclavos, no hijos.

## LOS DOS HIJOS DE ABRAHAM

**Lee Génesis 16:1-2 y encierra con un círculo cuál de las siguientes afirmaciones es correcta:**

Sara dijo: "Quizá tendré siervos de ella".
Sara dijo: "Quizás tendré hijos de ella".

Lee Génesis 21:10 y rodea con un círculo cuál de las siguientes afirmaciones es correcta:

> Sara dijo a Abraham: "Echa a esta sierva [esclava] y a su hijo".
> Sara le dijo a Abraham: "¡Echa a esta sierva [esclava] y mi hijo!".

¿Cómo cambió el plan y la perspectiva de Sara en el tiempo transcurrido entre estos dos versículos?

.................................................................................

.................................................................................

¿Cómo cambió el plan de Dios entre estos dos versículos?

.................................................................................

.................................................................................

## HEREDEROS DE LA PROMESA

Volvamos atrás y consideremos la historia completa una vez más, luego veremos cómo podemos evitar el error de Sara.

En primer lugar, ¿quiénes son los herederos de Dios y qué les ha prometido? Son los hijos de Abraham que serían herederos del mundo (Romanos 4:13). ¿Y cómo nos convertimos nosotros en esos herederos? Al igual que Abraham y Sara, con fe en las promesas de Dios.

Cuando el conocimiento de Dios se extinguía sobre la faz de la tierra, Dios prometió a Abram y Sarai (una pareja sin hijos que adoraba la luna) que haría de ellos una gran nación, ¡y ellos le creyeron! Su fe no comenzó cuando hicieron algo audaz, sino cuando creyeron en algunas promesas audaces y vivieron conforme a la verdad de esas promesas. Abram y su esposa pusieron su fe en acción y se trasladaron 1600 kilómetros hasta la tierra que Dios les mostró, y luego vivieron en tiendas durante el resto de sus vidas. Décadas más tarde, Dios les dio un hijo milagroso, el primero de un largo linaje, que derivaría en su descendiente Jesús.

Jesús no era como cualquier hijo nacido de mujer; era inmaculado y no merecía la consecuencia del pecado: la muerte. Murió en la cruz, no por su pecado, sino por el nuestro. Dios promete hacer que la muerte de Jesús se compute como nuestro castigo, su sangre lave nuestro pecado y su vida eterna y su herencia sean nuestras también. Nos convertimos en hijas de Abraham cuando creemos en estas audaces promesas de Dios y vivimos conforme a la verdad de sus promesas.

Amiga, si crees en las promesas de Dios sobre Jesús, entonces tú también eres heredera de todo lo que prometió a Abraham. Eres una hija de Dios, restaurada a su presencia, que un día morará con Él en ese lugar lleno de *shalom*. Y ahora, uno de los propósitos que Dios te ha dado es ser una madre espiritual, que reciba a otros como hijos e hijas de Abraham, herederos de la promesa. Pero madres, tengan cuidado. Hay cierta tendencia que vemos primero en Sara, y luego en muchos otros casos a lo largo de la Biblia. Es el hábito de producir esclavos, no hijos.

## LOS MATONES DE GALACIA

¿Recuerdas la carta de Pablo a la iglesia no judía de Galacia? Esta carta se escribió en respuesta a una fuerte discusión sobre quiénes podían ser contados como hijos de Abraham y quiénes no. Algunos judíos estaban intimidando a los gálatas y les decían: "¿Creen que pueden ser de los nuestros sin hacer todo lo que hacemos los judíos?".

Eso era porque, por cientos de años, los judíos (o los parientes de sangre de Abraham y Sara) habían seguido las leyes de Dios establecidas en los días de los israelitas en el desierto. Había cientos de leyes morales y ceremoniales, que diferenciaban drásticamente al pueblo judío de otras naciones. Sin embargo, en cierto momento, estos judíos habían comenzado a dejarse moldear por estas leyes y reglas, y no por las promesas de Dios.

Pablo utilizó la historia de Sara y Agar para aclarar lo que estaba en juego.

¿Quién recibe y quién no recibe la herencia prometida, según Pablo en Gálatas 3:18?

_____

_____

_____

Lee Gálatas 4:22-31.

Elige la palabra correcta. El versículo 22 dice:

Ismael nació de una mujer esclava | libre.

Isaac nació de una mujer esclava | libre.

Elige la palabra correcta. Los versículos 23 y 29 dicen:

Ismael nació de la carne | promesa.

Isaac nació de la carne | promesa.

¿Cuál de los hijos de Abraham nos representa y por qué (v. 31)?

_____

_____

_____

_____

Cuenta brevemente la historia a la que Pablo se refiere en el versículo 29 (de Génesis 21:8-10).

_____

_____

_____

_____

**¿Cómo te recuerda esta historia lo que les está ocurriendo a los gálatas?**

_____

_____

_____

En respuesta a los judíos que intimidaban a los gálatas para que se amoldaran a las leyes de Dios y no a sus promesas, Pablo vuelve a referirse a la historia de Ismael, y pregunta: "¿Realmente quieren ser el *esclavo* de la historia? ¿No preferirían ser el *hijo* de la promesa?".

Imagino que a los judíos les enfurecía que los compararan con esclavos, no con hijos, pero a Pablo no le importaba. Solo quería que los gálatas fueran libres, y les dice: "Estad, pues, firmes en la libertad con que Cristo nos hizo libres" (Gálatas 5:1).

Agar era una esclava. Su hijo representaba lo que Abraham y Sara podían hacer por sí mismos, sin Dios. Sin embargo, Sara era libre, y su hijo representaba lo que solo Dios podía hacer. Cuando el hijo esclavo empezó a intimidar al hijo de la promesa, Sara se mantuvo firme y exigió que se dividiera el árbol genealógico. Entonces el hijo esclavo fue expulsado, y el hijo de la promesa permaneció.

## PRODUCIR ESCLAVOS, NO HIJOS

Al considerar el crecimiento de la familia de Dios, nosotros (como los gálatas) debemos recordar: solo Dios puede producir un verdadero hijo, y solo los verdaderos hijos reciben la herencia eterna.

*Amiga, esta es la verdad, pero muchas veces no la creemos.*

Cuando miro a mi alrededor, veo que producimos muchas familias e iglesias de *apariencia* piadosa. Somos las madres y abuelas que espiamos lo que hacen nuestros hijos y vigilamos pantallas, revisamos mensajes y hacemos un escándalo por lo que encontramos. Somos las esposas, suegras y líderes ministeriales que hacemos gestos de desaprobación o desagrado para ejercer con presión nuestra "justa" influencia. Somos las mujeres de la iglesia, las compañeras de trabajo y las que publicamos mensajes en las redes sociales, las que incitamos, aguijoneamos y atormentamos al mundo con nuestros versículos bíblicos y puntos de vista.

Sin embargo, vuelvo a mirar a mi alrededor y veo que nuestros hijos se retuercen porque se acerca el autobús y seguimos leyendo versículos. Veo a nuestros nuevos creyentes que dejan de ir al estudio bíblico y los grupos pequeños, porque sienten que nunca podrán conocer la Biblia lo suficientemente bien o que nunca serán capaces de tener vidas suficientemente puras. Veo a nuestros jóvenes adultos que salen corriendo tan pronto como ya no los podamos obligar a sentarse en los bancos. Observo todo esto y me pregunto si hemos olvidado que la coacción no produce hijos, sino esclavos. Esto también se ilustra en la historia de Sara.

En *No seas una mujer controladora*, escribí: "A decir verdad, una madre controladora puede producir una imitación cristiana bastante convincente, y lo puede hacer *sin Dios*. Pero una madre controladora no puede formar un verdadero hijo de Dios, uno que tenga herencia. Su nacimiento en la familia de Dios es como el de Isaac. Se requiere un milagro que solo Dios puede hacer y nadie más".

Como madres espirituales, no podemos producir vida con tácticas coercitivas. Solo Dios puede dar vida.

Si tú (como yo) te das cuenta de que tus esfuerzos por incitar y aguijonear han dado a otros la impresión de que hay más libertad fuera de la iglesia, por favor, no te desesperes. Si has visto a tus seres queridos salir corriendo de la fe, no pierdas la esperanza. Nuestro Dios puede obrar, y se deleita en hacer lo que nuestros propios esfuerzos nunca podrán. Solo Dios trae vida sobrenatural. Dios quiere que creamos en sus promesas, que vivamos con la seguridad de que sus promesas son verdad y que nuestra influencia lleve a los demás a hacer lo mismo.

**Haz inventario de tu rol de madre espiritual.**

¿A quién has tenido el privilegio de influenciar con la historia de Jesús?

¿De qué forma has intentado usar tácticas coercitivas para que otros sigan a Dios?

¿Quién podría considerarte una "matona espiritual"? ¿Qué les has exigido que hagan o dejen de hacer?

¿Por quién estás orando a Dios para que lo traiga a la vida espiritual?

¿Cómo te comportarías si creyeras que la salvación de los demás es obra de Dios, no tuya?

## UN NUEVO HIJO

En la semana 3, te conté cómo mi hijo de siete años respondió al evangelio después de ese día en que sobreabundó el pecado. Esta es la parte que no te conté.

Después del tiempo bíblico, cuando Cade indicó que quería ser salvo, Ken y yo mandamos a los otros niños a la cama y así podíamos escuchar mejor el corazón de Cade. Sin embargo, nuestro independiente muchachito tenía otros planes, y nos dijo: "Quiero que vayan a la oficina de ustedes y hablen muy fuerte, para que no puedan oírme pedir al Señor Jesús que sea mi Salvador".

Accedimos y fuimos a la oficina y, minutos después, nos llamó un muchachito sonriente, que sabía que Jesús había lavado su corazón. Había nacido un nuevo hijo de la promesa y, aunque en cierto sentido he llegado a ser su madre espiritual, no tuve nada que ver con su nacimiento espiritual. ¡Ni siquiera estaba en la habitación!

¿Cómo vas a dar lugar hoy para que Dios traiga nuevas hijas y nuevos hijos a la familia de Dios?

# LECCIÓN 5

# SEMANA 6

## CONSIDERA LA FIDELIDAD DE DIOS

Sara por fin pudo sostener en sus brazos al pequeño que Dios había traído a la vida. La fidelidad de Dios era tangible y dulce. Sin embargo, cuando Ismael se burló del pequeño Isaac, Sara vio en Ismael lo que siempre había sido: una amenaza para la herencia de Isaac. Ismael fue expulsado, e Isaac quedó como el hijo de la promesa. A través de él, Dios cumpliría (y cumple) sus otras promesas.

### *RESUME*

Resume la historia del nacimiento de Isaac y el conflicto de la fiesta con la guía de estas citas:

"Dios me ha hecho reír..." (Génesis 21:6).

"¿Quién dijera a Abraham que Sara habría de dar de mamar a hijos?" (Génesis 21:7).

"Echa a esta sierva y a su hijo..." (Génesis 21:10).

"En todo lo que te dijere Sara, oye su voz..." (Génesis 21:12).

## *REFLEXIONA*

Repasa algunos puntos clave de la semana y reflexiona sobre cómo Dios te invita a responder.

Dios no depende de nuestra fe; podría haber hecho que Sara se despertara embarazada a los ochenta y nueve años. En cambio, le exigió fe, una fe activa. Sara se hizo suficientemente vulnerable como para esperar un hijo.

**¿De qué manera tu fe está siendo probada frente a una situación difícil o imposible? ¿De qué manera se requiere vulnerabilidad incluso para tener esperanza?**

**¿Cómo es que Dios puede estar esperando a que respondas con fe activa antes de desatar su poder? ¿O cómo te ves crecer por haber actuado con fe?**

La fe no ignora las dudas; solo da más peso a la fidelidad de Dios al preguntar: "¿Hay algo demasiado maravilloso para Dios?". Cuando "consideramos" o sopesamos todas las promesas de Dios y su historial perfecto, pasamos de la duda a la fe.

**¿Qué dudas te impiden tener fe? He aquí algunas de las más comunes:**

> **Si Dios me ama, ¿por qué me ha negado o quitado lo que quiero?**
>
> **¿Dónde estaba Dios cuando ocurrió _____?**
>
> **No puedo ver ni oír a Dios. ¿Cómo puedo saber que es real?**
>
> **No veo cómo Dios puede sacar algo bueno de _____.**

¿Estás preparada para experimentar ese punto de inflexión en la fe? Considera cualquier evidencia en la historia de Sara, en el resto de la Biblia, en la vida de personas que conoces o incluso en la creación, que refuten tus dudas. Recuerda que cuando consideramos el poder y el carácter de Dios, se crea un punto de inflexión en la fe. Damos más peso a la fe después de considerar todo lo que Dios ha hecho.

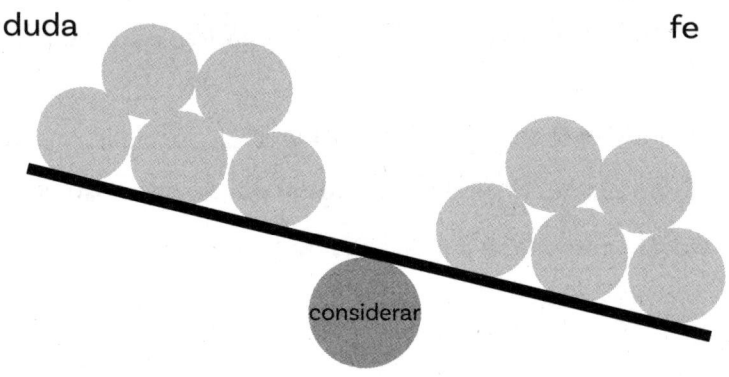

La risa de Sara ha pasado de ser cínica a mostrar alegría verdadera. De escéptica a maravillada. Mientras invita a otros a reír con ella, vemos cómo Dios ha transformado su inseguridad, envidia y tristeza en un alegre regocijo por lo que solo Dios pudo haber hecho. Para los creyentes, esto es solo una muestra de lo que está por venir.

**¿Tienes miedo de que se rían de ti? ¿De qué manera tu cinismo o escepticismo te ha impedido acercarte a Dios o a los demás?**

_____

_____

_____

_____

_____

_____

**¿Cómo ha transformado Dios tu inseguridad, envidia o tristeza al estudiar la historia de Sara?**

_____
_____
_____
_____

**¿Qué es aquello que solo Dios pudo haber hecho, que es motivo de risa y alegría para ti? ¿Cómo ha hecho Dios crecer tu confianza en su fidelidad a través de esta situación?**

_____
_____
_____
_____

Cuando Ismael se burla de Isaac en la fiesta, Sara vislumbra hacia dónde se dirige todo eso y exige que Ismael se marche.

Ismael fue idea suya desde el principio, pero solo porque no tenía fe en que Dios cumpliría su promesa. Ahora es idea de ella expulsar a Ismael porque está llena de fe en que Dios cumplirá su promesa. Su reacción es proporcional al valor que da a la herencia.

**Sara tuvo una fe ardiente cuando la herencia de su hijo se vio amenazada. ¿La herencia eterna de quién está amenazada?**

_____
_____
_____
_____

¿Cómo quiere Dios que respondas en proporción al valor de esta herencia?

_____
_____
_____

Un verdadero hijo de Dios tiene una historia de nacimiento como la de Isaac. Se trata de un milagro de Dios, no de la mano dura de una mujer controladora.

**¿De qué forma has tratado de engendrar a alguien en la familia de Dios al confiar en ti misma, no en Dios? Menciona de qué te arrepientes en una oración al Señor.**

_____
_____
_____
_____
_____

**¿Qué cambiarías si creyeras que cada hijo que nace en la familia de Dios es obra de Él, no tuya? ¿Qué cambios te pide Dios que hagas hoy?**

_____
_____
_____
_____
_____

## *REPASA*

En esta parte final de la historia de Sara, Dios cumplió fielmente todas sus promesas, incluso contra todo pronóstico. Dios dio a Sara un hijo, que (a través de una larga línea de descendientes) condujo al Hijo prometido, a través del cual todas nosotras hemos sido bendecidas.

**¿Cómo reveló Dios su fidelidad a Sara al cumplir las promesas que le hizo?**

_____
_____
_____
_____

**¿Te dejarás moldear por las promesas de Dios? Elige otra promesa significativa del apéndice 2 (página 289), junto con un versículo para memorizar. Escribe ambos a continuación.**

_____
_____
_____
_____
_____
_____
_____
_____
_____

# Conclusión

## MOLDEADA POR LAS PROMESAS DE DIOS

**Lee Génesis 22:1-19.**

Dudo que Abraham le contara a Sara lo que Dios le había pedido. ¿Cómo habría podido encontrar fuerzas para desprenderse de su precioso Risa si lo hubiera sabido?

Abraham debió de despertarse con pavor aquellas tres mañanas. Decir que sí a Dios puede ser terriblemente doloroso, pero, en esta ocasión, Abraham eligió la fe, no el temor. Puso su fe en acción y, una vez más, salió sin saber a dónde.

Abraham reflexionó cuidadosamente en lo que Dios le pedía. Sabía que todas las promesas de Dios dependían de que el niño no muriera, sino que viviera. Así que, si Dios le pedía que ofreciera a su hijo, entonces Dios le devolvería la vida (Hebreos 11:19). La fe no empieza cuando haces algo audaz, sino cuando crees alguna promesa audaz de Dios y luego vives con la seguridad de que esa promesa se hará realidad.

Esta fe basada en la lógica es la que impulsó los pies de Abraham cuando subió al monte, apiló la leña, ató al muchacho, tomó el cuchillo… y entonces llegó la voz del cielo: "¡Abraham, Abraham!". Dios intervino. La prueba había terminado. Dios estaba complacido.

Un cordero fue provisto y un padre recibió a su hijo de vuelta. Una madre, también.

Siglos más tarde, otro Hijo nacido de la línea de Abraham y Sara (el descendiente prometido) subió al mismo monte, pero esta vez el Hijo no se salvó. Jesús entregó su vida y cumplió la promesa de Dios de vencer el poder de la muerte. Tres días después, Dios levantó a Jesús de entre los muertos y le restituyó la vida eterna, como prometió hacer por ti y por mí.

Las promesas de Dios son como un paréntesis; siempre viene la apertura y luego el cierre. Dios cumple las promesas. Dios nos invita a vivir por fe y creer que las promesas se harán realidad. Amiga, ¿estás dispuesta a poner tu fe en acción? No dejes que el temor te frene. En cambio, levanta los ojos hacia algo mejor y déjate moldear por las promesas de Dios, ¡pues todas deben hacerse realidad!

# Apéndice 1

## LAS PROMESAS DE DIOS QUE NOS MOLDEAN

Formúlate tres preguntas al considerar las promesas de Dios:

### 1. ¿ES PARA UNA PERSONA O PERSONAS CONCRETAS?

No es opcional atribuir a todas las personas promesas bíblicas que estaban destinadas a alguien en concreto. Es obvio que no debemos reclamar las promesas de embarazo que Dios hizo a María o Sara. No obstante, al estudiar la historia de Sara, podemos reclamar para nosotras el cuidado de Dios, que siempre rescata a sus hijas del peligro o que, al final, siempre las honra. Estoy segura de que se te viene a la mente alguna persona que *no* ha sido rescatada o *no* ha sido honrada en esta vida. Esto le sucedió incluso a Jesús.

Sin embargo, aun las promesas que Dios ha cumplido en la vida de otras personas (como Abraham y Sara) ayudan a hacer crecer nuestra fe en las promesas de Dios que son para nosotras en particular.

### 2. ¿ES UN PRINCIPIO O UNA PROMESA?

Dios nunca cambia (Malaquías 3:6), lo que significa que a menudo hay un principio sobre su carácter al que podemos aferrarnos, aunque su promesa fuera para otra persona.

He aquí un ejemplo. Dios prometió a los israelitas que les restituiría los años que habían comido las langostas (Joel 2:25). Ahora bien, podría ser muy hiriente ofrecer esto como promesa a quienes sufren los daños de las cosechas después de una plaga de langostas. Joel 2:25 fue una promesa que Dios hizo a Israel en un momento específico. Sin embargo, el principio es el mismo: nuestro Dios es un Dios que restaura. Cuando clamamos a Él arrepentidas, a menudo restituye los años perdidos por la rebelión, el pecado o el egoísmo. ¿Ves cómo se aplica el principio?

Tampoco debemos confundir las promesas de la Biblia con principios para una vida recta. Supongamos que alguien declara como promesa el proverbio que señala que al que es generoso no le faltará nada (Proverbios 22:9), y pide un préstamo enorme y se lo regala a otra persona. Esto sería lo contrario de una vida sabia, y es probable que después tenga falta de muchas cosas.

Los principios no son promesas. Debemos notar la diferencia.

## 3. ¿ES CONDICIONAL?

No todos son perdonados de sus pecados. No todos recibirán la vida eterna. No todos son bienvenidos a la presencia de Dios. Algunos de los versículos más aleccionadores de la Biblia hablan de algunos que piensan que las promesas de Dios son para ellos, pero escuchan a Jesús decir: "Nunca los conocí. Aléjense de mí" (Mateo 7:23, NTV). Las promesas de la Biblia solo pertenecen a aquellos que están "en Cristo" y, aun así, algunas promesas están condicionadas a nuestra obediencia o fidelidad. Presta atención a las afirmaciones "Si…, entonces…" o a las promesas que podrían reformularse con un "Si…, entonces…",[1] e incluye estas condiciones cuando reclames para ti o para otros las promesas de Dios.

## EN ESTA VIDA Y EN LA VENIDERA

La mayoría de nuestras promesas para "esta vida" son intangibles. Se aplican a nuestra vida espiritual. Pablo escribió: "Aunque este nuestro hombre exterior se va desgastando, el interior no obstante se renueva de día en día" (2 Corintios 4:16). Piensa en estas promesas como si fueran cremas hidratantes y vitaminas para rejuvenecer nuestro ser interior; nos dan el brillo saludable de la fe.

Nuestras promesas para la "vida venidera", sin embargo, ¡*son* tangibles! Caminaremos por las calles de la Ciudad-Edén, recogeremos los frutos del árbol de la vida y disfrutaremos de la dulce comunión en la cena de las bodas del Cordero. Tenemos mucho a lo que aferrarnos, tanto ahora como entonces, pero debemos tener cuidado de no confundir ambas cosas.

En realidad, no tenemos muchas promesas tangibles para esta vida. Jesús dijo a sus discípulos que esperaran disensiones, conflictos y pérdidas a causa de su nombre (Mateo 10:34-39), y prometió: "El que *pierde* su vida por causa de mí, la hallará" (Mateo 10:39). Tendremos pérdidas aquí; tendremos vida *allá*.

Hebreos 11 da dos listas de personas que vivieron por la fe. Los de la lista uno, por la fe experimentaron ganancias milagrosas: conquistaron reinos, cerraron bocas de leones y apagaron fuegos (vv. 33-34). Los de la lista dos, por la fe experimentaron pérdidas horribles: fueron azotados, encarcelados y muertos a filo de espada (vv. 36-37). Todos fueron moldeados por las promesas de Dios, aunque muchos "no recibieron lo prometido" porque Dios había preparado algo mejor (Hebreos 11:39-40).

Amiga, al considerar las promesas de Dios, deja espacio para ese "algo mejor". Hay muchos paréntesis todavía abiertos mientras peregrinamos por esta tierra, esperando al que ha de venir.

# Apéndice 2

## PROMESAS PARA TI

Esta es una lista incompleta; he dejado espacio para que descubras más. Además, quiero que tengas la alegría de leer las promesas reales de Dios en tu propia Biblia (estas están resumidas).

### *PARA ESTA VIDA*
### *Promesas de perdón y salvación*

Jesús es fiel para perdonar mi pecado confesado (1 Juan 1:9).

Dios perdona y borra mis pecados (Isaías 43:25; Romanos 4:7).

Dios me perdona y no se acuerda más de mis pecados (Salmos 103:12; Hebreos 8:12).

Nunca seré condenada por mis pecados. He pasado de muerte a vida (Juan 5:24; Romanos 8:1).

Escaparé del juicio del lago de fuego (Hebreos 10:27; Apocalipsis 20:15).

Dios, por su gracia, perdona mis pecados y redime mi vida (Efesios 1:6-8).

No puedo "superar" las riquezas de la gracia de Dios (Efesios 1:7).

Por medio de Jesús, Dios me ve como justa (2 Corintios 5:21).

## PARA ESTA VIDA
### Promesas de vida y refrigerio espiritual

El Espíritu me ayuda, me fortalece y está conmigo (Juan 14:16; Efesios 3:16-17).

Puedo encontrar descanso en Jesús (Mateo 11:28).

Dios escucha mis oraciones (Mateo 7:7-11).

El poder de Jesús que resucita a los muertos vive en mí (Romanos 8:11).

El Espíritu me recuerda que soy una hija de Dios (Romanos 8:14-16).

Dios nunca me desamparará, así que no tengo nada que temer (Isaías 41:10; Hebreos 13:5).

Dios me consuela en todas mis dificultades (Salmos 23:4; 2 Corintios 1:4).

Jesús me da su paz que guarda mi corazón y mis pensamientos (Juan 14:27; Filipenses 4:6-7).

Nada puede separarme del amor de Dios (Romanos 8:39).

Dios me ha liberado del poder del pecado (Hechos 13:39; Romanos 6:6-7).

Tengo todo lo que necesito para vivir piadosamente (2 Pedro 1:3).

Mis problemas actuales me preparan para la gloria eterna (2 Corintios 4:17).

Tengo una armadura espiritual para resistir los ataques del enemigo (Efesios 6:10-17).

Jesús quebrantó el poder del diablo, así que ya no soy esclava del temor a la muerte (Hebreos 2:14-15).

El Espíritu Santo es la garantía de que Dios me dará mi herencia (Efesios 1:13-14).

## *PARA LA VIDA VENIDERA*
### *Promesas del cielo para los que están en Cristo*

Resucitaré como Jesús (2 Corintios 4:14).

Seré participe con Él en la gloria (Colosenses 3:4).

Ya no habrá maldición (Apocalipsis 22:3).

Viviré con Dios para siempre en su Ciudad-Edén, y veré su rostro (Apocalipsis 21:1, 3; 22:4).

Ya no voy a morir, sufrir, llorar o experimentar dolor (Apocalipsis 21:4).

Voy a comer del árbol de la vida, beber del agua de la vida y vivir para siempre (Juan 3:16; Apocalipsis 22:2, 14).

Voy a reinar con Cristo (Apocalipsis 5:10).

Recibiré cien veces más por todo lo que haya perdido por causa de Jesús (Mateo 19:29).

El Señor me recompensará por vida fiel y mi generosidad (Mateo 6:4-18; 10:42; 16:27; Efesios 6:8).

# Agradecimientos

Me siento muy honrada de trabajar con el maravilloso personal de Our Daily Bread Publishing. Gracias en particular a Dawn Anderson, Sarah De Mey, JR Hudberg y Kate Motaung. Tengo la bendición de colaborar con ustedes en la obra del reino.

Estoy sumamente agradecida a mis queridas amigas que oraron semanalmente mientras escribía este estudio: Whitney, Lori, Sarah, Amy, Jamie, Angela, Kimberly, Carrie, Jane, Melissa, Cheryl, Reyna, Evelyn, Tereasa, Gail, Renell y Brenda. Gracias también a Rachel, Cheyenne, Brian, Nancy, Libby, Aaron, Andrea y otros que me ayudaron a pensar detenidamente en las promesas de Dios y en la hermosa historia de Sara. Gracias a Sana Latrease, Heather Cofer, Gaby Puentes y Jill Savage, que contaron sus poderosas historias de fe.

Gracias especialmente a mi dulce esposo, Ken, que fue el primero en completar este estudio, una lección tras otra, mientras lo escribía. Gracias por animarme y apoyarme mientras escribo. Tengo la bendición de tenerte como compañero en el ministerio y en la vida.

Y a mi Señor, Jesús, que tomó mi lugar en la cruz, hizo un camino para que yo sea bendecida y no maldecida, y me promete una herencia eterna, ¿cómo puedo expresar suficiente gratitud? Estoy expectante por estar con Él en esa Ciudad-Edén, con sus cimientos inquebrantables.

# Notas

## SEMANA 1: El pueblo de la promesa

1. Kenneth A. Matthews, *The New American Commentary, Volume 1B* (Nashville: Broadman & Holman, 2005), 113. Edición castellana, *Nuevo Comentario Americano*, Editorial Tesoro Bíblico, 1996.
2. Kent Hughes, *Genesis: Beginning and Blessing* (Wheaton, IL: Crossway, 2004), 178.
3. Mary Fairchild, "Christian Wedding Symbols: The Meaning Behind the Traditions", LearnReligions.com (actualizado el 3 de junio de 2020), https://www.learnreligions.com/christian-wedding-traditions-701948.
4. Marvin R. Wilson, *Our Father Abraham: Jewish Roots of the Christian Faith*, 2.ª edición, (Grand Rapids, MI: William B. Eerdmans, 2021), 187.
5. John Piper, "The Unashamed God", Desiring God (1 de julio de 1997), https://www.desiringgod.org/articles/the-unashamed-god.
6. Nancy Guthrie, *Better Than Eden* (Wheaton, IL: Crossway, 2018), 14. Edición castellana, *Mejor que el Edén,* B&H Español (15 de febrero de 2022).
7. Kent Hughes escribe: "Betel, como Siquem, albergaba un importante santuario cananeo dedicado al dios El, el principal de su panteón. Sin embargo, como en Siquem, Abram lo ignoró y construyó un altar a Yahvé 'e invocó el nombre del Señor'. Abram proclamó públicamente el nombre del Señor... Proclamó su fe. [Martín] Lutero tradujo 'predicó' para transmitir la idea aquí. El séquito de Abram era bastante numeroso... Así que fue un acontecimiento muy público. Los lugareños sabían lo que estaba ocurriendo. Proclamar el nombre de Yahvé incluiría exaltar sus grandes atributos y sus poderosas obras. Predícalo, Abram". Kent Hughes, *Genesis: Beginning and Blessing* (Wheaton, IL: Crossway, 2004), 187.
8. Guthrie, 126.
9. Allen P. Ross, "Genesis", en *The Bible Knowledge Commentary: An Exposition of the Scriptures,* ed. J. F. Walvoord y R. B. Zuck (Wheaton, IL: Victor Books, 1985), 47.

10. Charles Swindoll, *Abraham: One Nomad's Amazing Journey of Faith* (Carol Stream, IL: Tyndale, 2014), 17.
11. Michael Kruger, *Hebrews for You* (Epsom, Inglaterra: The Good Book Company, 2021), 173.
12. Gracias también a Trina Cofer, que nos ha contado algunos detalles de su increíble historia por correo electrónico.

## SEMANA 2: Traición y rescate

1. "Walking the Bible", PBS, https://www.pbs.org/walkingthebible/timeline.html.
2. Kent Hughes, *Genesis: Beginning and Blessing* (Wheaton, IL: Crossway, 2004), 192.
3. Derek Kidner, *Genesis* (Downers Grove, IL: InterVarsity Press, 1967), 128.

## SEMANA 3: Vergüenza y control

1. Tim Mackie, "Humans Are… Trees?", *Bible Project Podcast*, 26 de julio de 2021, 69:00, https://bibleproject.com/podcast/humans-are-trees-2/.
2. Abbey Wedgeworth, "Developing a Theology of Suffering with Abigail Dodds", 7 de octubre de 2020, https://www.abbeywedgeworth.com/held-podcast-show-notes/ep-010-developing-a-theology-of-suffering-with-abigail-dodds.
3. E. Randolph Richards y Richard James, *Misreading Scripture with Individualist Eyes* (Downers Grove, IL: Intervarsity Press, 2020), 4.
4. Es interesante observar que cuatro de los doce hijos de Jacob (el nieto de Abram y Sara, padre de las doce tribus de Israel) nacen de la misma manera: a través de las criadas de sus esposas, Bilha y Zilpa. Véase Génesis 30:3-12. No obstante, cuando nos encontramos con poligamia, maternidad subrogada y esclavitud en la Biblia, es importante recordar que estos pasajes son descriptivos, no prescriptivos.
5. En *How to Read the Bible as Literature*, Leland Ryken afirma que perjudicamos nuestra interpretación de los relatos bíblicos cuando no tenemos en cuenta su marco y sus pautas generales. Escribe: "En ausencia de ese marco, la historia sigue siendo una serie de fragmentos inconexos y aislados". Ryken cita a E. M. Forster, quien sugiere que empecemos por el final de una historia y vayamos hacia atrás para darnos cuenta de las relaciones de causa y efecto entre los acontecimientos de la historia. Para nuestro propósito, resulta útil comenzar en Génesis 21:12, cuando Dios apoya la

exigencia de Sara de expulsar al adolescente Ismael porque se burlaba de Isaac. A partir de ahí, donde Ismael se ve como una amenaza para la herencia prometida a Isaac, nos movemos hacia atrás en la historia y vemos que la causa de esta amenaza fue la autosuficiencia de Sara en Génesis 16. Leland Ryken, *How to Read the Bible as Literature… and Get More Out of It* (Grand Rapids, MI: Zondervan, 1984), 44, 47, 49.

6. Tremper Longman III, *Genesis: The Story of God Commentary* (Grand Rapids, MI: Zondervan, 2016), 210.
7. Timothy Keller, *Galatians for You* (Epsom, England: The Good Book Company, 2013), 76. Edición castellana, *Gálatas para ti*, Poiema Publicaciones (24 de mayo de 2018).
8. Daniel Baldwin, "What to Do If You Find a Black Widow Spider", 19 de julio de 2022, https://hawxpestcontrol.com/what-to-do-if-you-find-a-black-widow-spider/.
9. John H. Sailhamer, *The Pentateuch as Narrative: A Biblical-Theological Commentary* (Grand Rapids, MI: Zondervan, 1992), 154.
10. Derek Kidner, *Genesis* (Downers Grove, IL: InterVarsity Press, 1967), 137.
11. "The Head and the Neck", *My Big Fat Greek Wedding*, YouTube.com, https://www.youtube.com/watch?v=CJbC5AfxqPc. Nombre de la película en castellano: *Mi gran boda griega*.
12. Shannon Popkin, "How to Overcome My Desire to Control My Husband (Kelly Needham)", 2 de noviembre de 2022, https://www.shannonpopkin.com/desire-to-control-my-husband/.
13. Timothy J. Keller, "Hagar and the Son", The Timothy Keller Sermon Archive (Nueva York: Redeemer Presbyterian Church, 2013), consultado a través de Logos Bible Software.
14. Robert Alter, *Genesis* (Nueva York: W.W. Norton, 1996), 68.
15. Kent Hughes, *Genesis: Beginning and Blessing* (Wheaton, IL: Crossway, 2004), 240.
16. Hughes, 240.

## SEMANA 4: Esperanza renovada

1. "The Letter Hey", Hebrew for Christians, https://www.hebrew4christians.com/Grammar/Unit_One/Aleph-Bet/Hey/hey.html.
2. Robert Jamieson, "The First Book of Moses, Called Genesis", Blue Letter Bible, https://www.blueletterbible.org/Comm/jfb/Gen/Gen_018.cfm?a=18002.
3. Robert Alter, *Genesis* (Nueva York: W.W. Norton, 1996), 79.
4. Derek Kidner, *Genesis* (Downers Grove, IL: InterVarsity Press, 1967), 141.

5. Timothy Keller, *Romans for You* (Epsom, Inglaterra: The Good Book Company, 2014), 105. Edición en español: *Romanos para ti,* Poiema Publicaciones; primera edición (19 de julio de 2016).
6. Kent Hughes, *Genesis: Beginning and Blessing* (Wheaton, IL: Crossway, 2004), 257.

## SEMANA 5: Volver a tener miedo

1. Timothy Keller, *Romans for You* (Epsom, Inglaterra: The Good Book Company, 2014), 104-105. Edición en español: *Romanos para ti,* Poiema Publicaciones; primera edición (19 de julio de 2016).
2. Kristen Wetherell, *Fight Your Fears* (Bloomington, MN: Bethany House, 2020), 23.
3. Wetherell, 16, 18.
4. Kent Hughes, *Genesis: Beginning and Blessing* (Wheaton, IL: Crossway, 2004), 289.
5. Kenneth A. Matthews, *The New American Commentary, Volume 1B* (Nashville: Broadman & Holman, 2005), 258. Edición en español: *Nuevo Comentario Americano,* Editorial Tesoro Bíblico, 1996.

## SEMANA 6: Risa y perspectiva

1. Shannon Popkin, *No seas una mujer controladora: Siete mujeres de la Biblia te enseñan a rendir el control a Dios* (Grand Rapids, MI: Editorial Portavoz, 2019), p. 71.
2. Robert Alter, *Genesis* (Nueva York: W.W. Norton, 1996), 98.

## APÉNDICE 1: Las promesas de Dios que nos moldean

1. Charles Swindoll, *Abraham: One Nomad's Amazing Journey of Faith* (Carol Stream, IL: Tyndale, 2014), 175.

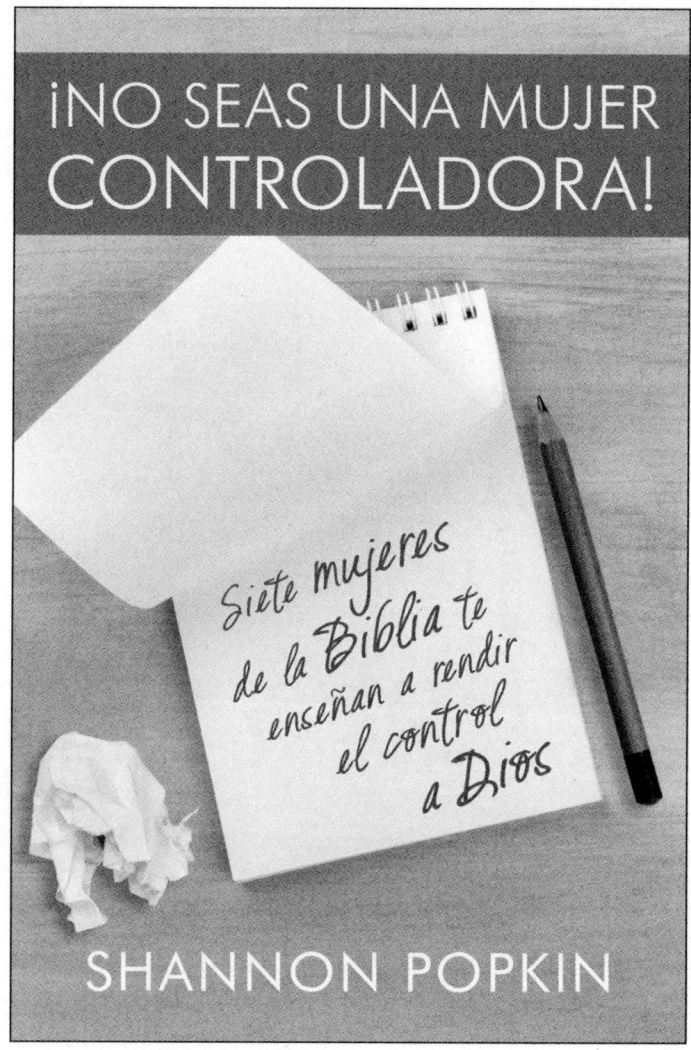

Únete a Shannon mientras comparte lo que ha descubierto sobre sus propias luchas de control y acerca de Dios, estudiando a siete mujeres controladoras en la Biblia. Ya sea la incapacidad de Sara en esperar a que Dios se moviera o la mano controladora de Rebeca sobre el futuro de su familia, cada una de estas historias de mujeres contiene advertencias y lecciones para nosotras hoy.

¿Te comparas constantemente con otras personas? En los medios sociales, en tu vecindario, en la iglesia, o al dejar a tus hijos a la puerta de la escuela, ¿te esfuerzas por demostrar que estás a la altura… y luego te sientes avergonzada cuando no es así? Medirse a sí mismo de acuerdo a los estándares de los demás no es saludable. Y no es el plan de Dios. De hecho, el camino de Jesús va completamente al revés del camino de este mundo sumergido en la competencia y la comparación. Jesús nos invita a seguirlo y a recuperar la libertad, la confianza y el gozo.

¡La tentación a compararte con los demás puede parecer una lucha interminable! Shannon Popkin y Lee Nienhuis lo saben por experiencia propia y han escrito este libro para ayudarte a ser libre de esta trampa para que puedas disfrutar la vida increíble que Jesús tiene para ti.

Prepárate para recorrer un camino de autodescubrimiento con 40 lecturas repletas de cuestionarios (¡son realmente divertidos!), evaluaciones, historias conmovedoras y preguntas para debatir. Descubrirás libertad, confianza y satisfacción al adoptar una nueva mentalidad con un enfoque diferente.

**EDITORIAL PORTAVOZ**

## NUESTRA VISIÓN

Maximizar el efecto de recursos cristianos de calidad que transforman vidas.

## NUESTRA MISIÓN

Desarrollar y distribuir productos de calidad —con integridad y excelencia—, desde una perspectiva bíblica y confiable, que animen a las personas a conocer y servir a Jesucristo.

## NUESTROS VALORES

*Nuestros valores se encuentran fundamentados en la Biblia, fuente de toda verdad para hoy y para siempre. Nosotros ponemos en práctica estas verdades bíblicas como fundamento para las decisiones, normas y productos de nuestra compañía.*

- Valoramos la excelencia y la calidad
- Valoramos la integridad y la confianza
- Valoramos el mérito y la dignidad de los individuos y las relaciones
- Valoramos el servicio
- Valoramos la administración de los recursos

Para más información acerca de nuestra editorial y los productos que publicamos visite nuestra página en la red: www.portavoz.com